LES CLÉS RETROUVÉES

Du même auteur
(dernières parutions)

La Dernière Génération d'Octobre, Stock, 2003 ; « Pluriel », 2008.
Les Trois Exils – Juifs d'Algérie, Stock, 2006 ; « Pluriel », 2008.
Immigrances. Histoire de l'immigration en France au XXe siècle, avec Émile Temime (dir.), Hachette Littératures, 2007.
Les Guerres sans fin. Un historien, la France et l'Algérie, Stock, 2008.
Les Immigrés algériens en France. Une histoire politique, 1912-1962, « Pluriel », 2009.
Le Mystère de Gaulle. Son choix pour l'Algérie, Robert Laffont, 2009.
Algérie 1954-1962. Apprendre l'histoire en la touchant, avec Tramor Quemeneur, Les Arènes, 2010.
Bibliographie de l'Algérie indépendante, avec Christian Boyer, Éditions du CNRS, 2010.
La Guerre d'Algérie vue par les Algériens, tome 1, Des origines à la bataille d'Alger, avec Renaud de Rochebrune, Denoël, 2011 ; « Folio », 2016.
La Guerre de l'ombre : RG contre FLN, avec Laurent Chabrun, Jacob-Duvernet, 2011.
Le 89 arabe. Réflexions sur les révolutions en cours, dialogue avec Edwy Plenel, Stock, 2011.
Voyages en postcolonies. Viêt Nam, Algérie, Maroc, Stock, 2012.
La Guerre d'Algérie expliquée à tous, Seuil, 2012.
Camus brûlant, avec Jean-Baptiste Péretié, Stock, 2013.
Les Mémoires dangereuses : de l'Algérie coloniale à la France d'aujourd'hui, avec Alexis Jenni, Albin Michel, 2015.
Souvenirs d'enfance en Algérie, Larousse, 2016.
Histoire dessinée de la guerre d'Algérie, avec Sébastien Vassant, Seuil, 2016.
La Guerre d'Algérie vue par les Algériens, tome 2, De la bataille d'Alger à l'indépendance, avec Renaud de Rochebrune, Denoël, 2016.

Benjamin Stora

LES CLÉS RETROUVÉES

Une enfance juive à Constantine

Champs histoire

Ouvrage publié sous la direction de Nicole Lapierre.

ISBN : 978-2-0813-8520-7

Prologue

> « Les souvenirs, à commencer par les souvenirs d'enfance, sont toujours plus ou moins reconstruits, déformés. Nous les entretenons avec soin, nous y tenons comme à des êtres aimés. Peu nous importe qu'ils soient ou non des fictions, tant ils nous sont précieux. Ils sont la preuve de notre singularité. »
>
> Jean-Bertrand Pontalis[1]

C'était le 20 août 1955. J'avais quatre ans et demi. Il faisait très chaud ce jour-là dans notre petit appartement de Constantine, situé en face des gorges du Rummel. Et puis, brusquement, des soldats sont entrés. Ils ont ouvert la fenêtre, installé une sorte de trépied, et posé une mitrailleuse dessus. Ils ont tiré. Le bruit était épouvantable. Les douilles sautaient, et une odeur âcre a envahi ma petite chambre. Sur qui, sur quoi tiraient-ils ? Les soldats formaient une masse grise et floue. Je me souviens surtout de ma terreur au moment de leur entrée dans la pièce. Cet événement me mit pour la première fois en présence de la mort.

---

1. Jean-Bertrand Pontalis, *Avant,* Paris, Folio, 2013, p. 28.

Longtemps, j'ai cru que cette scène de guerre, qui revenait dans mes rêves, était tirée d'une séquence de film. Mais au fil de mes études sur l'histoire de l'Algérie, j'ai compris. Le 20 août 1955, j'avais bien vu des soldats français qui tiraient sur des Algériens s'enfuyant le long des gorges du Rummel, de l'autre côté de notre maison. La guerre d'Algérie était cachée dans les plis de ma mémoire d'enfant.

Tout au long de mon travail commencé dans les années 1970, j'ai peut-être sans cesse cherché, inconsciemment, ces lambeaux de vie personnelle capables de renouveler aussi bien l'histoire événementielle que celle de la longue durée. Des petits faits qui lèvent le voile, et révèlent une histoire toujours difficile à saisir, à comprendre. Celle de l'Algérie pendant la présence française, où les communautés, sous le drapeau de la République, vivaient ensemble dans l'espace public, sans se mélanger (ou rarement) dans l'espace privé. Une histoire d'attraction, de force du modèle républicain, qui mettait au secret les origines. Avant d'aborder mon récit d'enfance, prenons ainsi ce fait, dont je me suis rendu compte très récemment. J'ai cru toute ma vie que j'avais appris à lire et à écrire par le biais de la langue française. Eh bien, ce n'est pas si simple. Les enfants de la ville très pieuse de Constantine allaient, dès l'âge de quatre ans, au Talmud Torah (l'école juive, que l'on appelait « l'Alliance », on verra pourquoi par la suite). J'ai donc commencé à lire des lettres… par l'hébreu. Je parlais l'arabe à la maison, avec ma mère. Mais je ne comprenais pas l'hébreu, et ne lisais pas l'arabe. L'école française est arrivée ensuite très vite, et, bien sûr, c'est là que j'ai appris à lire et à écrire. L'arabe et l'hébreu se sont progressivement effacés, et j'ai réalisé ce que le mot « assimilation » pouvait vraiment signifier…

Autre exemple, pêle-mêle, dans le précieux désordre du sac de la mémoire où sont enfouis le futile et l'indispensable. Au cours du grand déménagement de mon pavillon que j'ai quitté en 2013, j'ai enfin ouvert la boîte d'archives de mon père, que je n'avais jamais touchée depuis son décès en 1985. Mon père a inscrit sur la boîte le mot « Souvenirs », de sa belle écriture. Je découvre toutes sortes de papiers : la facture d'achat du frigidaire Admiral, en 1958, chez les Cohen-Haddad ; le récépissé d'une demande de paiement d'impôt en 1961 (et mon père paiera tous ses impôts au moment du départ vers la France en juin 1962) ; une carte postale envoyée de Vichy par mes grands-parents en 1935 ; une lettre disant le décès d'un oncle ; une copie de son diplôme de baccalauréat passé en langue arabe, et un vieux livre de la Haggadah, le livre de Pessah, la Pâque juive... Je lis lentement, tourne et déplace chaque document avec précaution, et suis bouleversé. Dans l'exode et dans chaque déménagement, mon père a donc tenté de sauvegarder quelques traces de sa vie passée. Il y a surtout des documents sur la guerre, celle de 1939-40, avec un carnet personnel où il a noté au jour le jour, entre le 10 et le 28 mai 1940, la débâcle de son unité. Il y a la lettre de mon grand-père demandant que sa nationalité française soit préservée, après l'abrogation du décret Crémieux, en octobre 1940. Mon père a gardé ce document où mon grand-père, Benjamin, a plaidé pour la restitution de ses biens confisqués à Khenchela et attribués à un « Français de souche ». Mais les biens ne lui ont pas été restitués dans leur totalité. Il est mort un an après, en 1945.

Pour mon père, à l'évidence, pas question de jeter ces papiers à la poubelle. Il ne voulait pas que tout cela tombe dans l'immense espace de l'oubli. J'ignorais jusque-là sa volonté de laisser une trace de sa vie, de notre vie ensemble. Je découvre les photographies soigneusement collées dans des albums. Je les regarde longuement, cherchant une date, une explication. Je reviens en arrière, me transporte dans des lieux. Mon père a gardé mes photos de classe, prises année après année. Mais au dos, aucun nom de mes camarades de l'époque. J'essaie de reconstituer, d'imaginer... Je les ai tous perdus, je ne les ai jamais revus. Aucun. Nous avons été dispersés par l'exode, l'exil, le vent de l'histoire.

Un voyage à Bejaïa en 2014, en Kabylie, où a été mis en scène, sous la forme d'une pièce de théâtre, mon livre *Les Trois Exils, Juifs d'Algérie*, me pousse à revenir sur cette histoire judéo-berbère. Le public de Bejaïa (l'ancienne ville de Bougie) est nombreux, attentif, en attente de restitution de cette séquence disparue[1]. Il faut que j'écrive cette histoire d'enfance, j'hésite. La mémoire est sélective, je trie, vois la remontée des souvenirs en regardant ces archives familiales. On ne peut pas tout garder. Mais j'avance, sous l'impulsion de mon éditrice, Nicole Lapierre. Elle m'encourage, je me décourage, puis je reprends finalement l'écriture. Comment découper, raconter cette histoire d'enfance ? En suivant un ordre chronologique ? En évoquant la « grande » histoire de la guerre d'Algérie, moment où se déroule mon enfance ? En associant librement des

1. Dans *Le Matin*, quotidien algérien en ligne, par Rachid Oulebsir, le 10 mai 2014. « La première journée du colloque à Bejaïa, sur l'insurrection de 1871, se termina par un "one woman show" époustouflant de la brillante comédienne Virginie Aimone du collectif marseillais "Manifeste rien". L'interprétation mise en scène par Jérémie Beschon contracte un long ouvrage de Benjamin Stora, *Les Trois Exils*, qui raconte le triple déracinement d'une famille juive durant la colonisation française en Algérie. [...] Nous nous sommes quittés sur une vérité : *"L'Algérie n'a jamais été la patrie d'une seule race, une seule langue, une seule religion."* »

propos, sans tenir compte d'une cohérence linéaire ? L'enfance est comme hors temps, un bloc où tout se mêle : des héros de bandes dessinées ; le corps différent des filles découvert sur la plage de Philippeville (aujourd'hui Skikda) ; la boutique du marchand de bonbons au nom imprononçable (« Chouailem », vraisemblablement une abréviation de « chalom ») vers laquelle je courais ; le cinéma de mon quartier où des péplums italiens, des westerns américains me faisaient rêver… Mon père, ma mère et ma sœur (nous étions une petite famille) étaient toujours près de moi lors de promenades le soir après dîner, sur la grande place de la Brèche. Là, nous dégustions des petits « créponnets » de glaces. Il n'y a pas de souffrance dans le rappel de ces moments heureux. Et pourtant la guerre (les « événements ») était là, et bien là.

1

Une si longue histoire

Dans ma vie, il y a un avant et un après le 16 juin 1962. Ce jour où, avec ma famille, nous quittons l'Algérie. Pour aller vers un autre univers, dans l'oubli de la société d'Algérie dans laquelle j'ai vécu, et qui me reviendra bien plus tard.

Je suis né en 1950 au 2, rue Grand à Constantine, rue considérée comme le cœur du quartier juif de la ville, le « Kar Charrah », que le guide touristique Hachette édité en 1950, précisément, décrivait ainsi : « La partie entre la rue du Sergent Paul-Atlan et le ravin du Rummel renferme encore de curieux quartiers indigènes, arabes et juifs, qui subsistent à peu près intacts[1]. » J'ai vu le jour dans un appartement de trois pièces au quatrième étage de l'immeuble qui appartenait à mes grands-parents, les Stora, et non dans une clinique, comme c'était alors la coutume. Et c'est là, m'a dit mon père, qu'une semaine plus tard j'avais été circoncis par un rabbin du voisinage. Cet appartement avait été donné par ma grand-mère maternelle à mes parents, à l'occasion de ma naissance, si attendue.

1. *Algérie-Tunisie, Les guides bleus,* Paris, Hachette, 1950, p. 281.

Toute la famille espérait impatiemment l'arrivée d'un garçon, pour transmettre le prénom de mon grand-père qui venait de mourir. C'est dire si j'ai été entouré et choyé, en particulier par mes nombreuses tantes, pendant toute mon enfance constantinoise.

Lorsque a commencé précisément l'année 1962, j'étais un garçon comme tous les autres, avec ma grande sœur Annie, une mère au foyer, un père qui vendait de la semoule. Notre famille modeste habitait dans l'appartement de la rue Grand, qui donnait sur le pont de la rue Thiers. Maman roulait le couscous, préparait de la *tomina* et les *knedletts*, surveillait la *rechta*, servait la *t'fina* qu'elle laissait cuire toute une journée jusqu'au lendemain samedi pour le shabbat. Comme toutes les mères au foyer, elle assumait l'essentiel d'une immense responsabilité : élever ses enfants, nourrir sa famille, tenir sa maison. Mon père, avec son magasin, vivait modestement en commerçant avec les humbles et les sans-le-sou. Il savait qu'il ne ferait pas fortune. Peu importait d'ailleurs. La paix, la santé étaient au-dessus de tout.

Ma vie d'enfance ordinaire était calée entre les bandes dessinées – Blek le Roc, Battler Britton, Kit Carson, Tartine Mariol –, et la scolarité de l'école de la rue Diderot. L'école publique, dans un pays dont l'avenir devait s'écrire en français, était un passage obligé. Mais les jeudis et les dimanches, toute la journée, j'étais à « l'Alliance », à l'école hébraïque. À l'époque, les garçons travaillaient bien plus que les filles qui, elles, n'allaient pas au Talmud Torah. J'apprenais les textes religieux qui devaient me garder près de mes origines juives. Dans la rue de France, la rue principale du quartier juif de Constantine, je croisais des personnages emblématiques et pittoresques comme « Lilo », le meilleur vendeur de grands sandwichs de merguez ou de thon arrosé de sauce piquante, « Chouailem », le marchand de bonbons si affable, ou « Chakaï », un pauvre homme effrayant avec toutes ses médailles (militaires ?) agrafées sur la poitrine. J'entendais tout le temps les surnoms dont on affublait les uns et les autres, comme « Sous-Marin », (décrété trop petit), « Tarzan » (trop grand), ou « Poupon » (trop gros)... Cette année 1962, pourtant, mon univers a basculé, avec la fin de la guerre d'Algérie et le départ définitif vers la France. J'avais douze ans, il me fallait quitter cette vie, cette ville.

Spectaculaire, construite sur un rocher à six cents mètres d'altitude, Constantine est une cité de ponts suspendus, dont les noms résonnent encore et toujours dans ma tête : le vertigineux pont de Sidi M'Cid, à la pointe du quartier juif, d'une hauteur de 175 mètres ; le pont d'El Kantara qui mène de la gare à la rue Clemenceau ; le long viaduc courbe de Sidi Rached, reliant le quartier de la gare aux faubourgs élevés sur le Coudiat ; ou la passerelle Perregaux, joignant le centre de la ville à la gare. De chez moi, je pouvais voir l'ascenseur qui monte et descend le long des gorges, près de l'entrée du pont de Sidi M'Cid.

Constantine n'est pas une ville de la colonisation construite en damier pour faciliter la circulation. C'est une ville ancienne, longtemps appelée Cirta, nom familier de mon enfance car c'était celui du grand hôtel de la ville, situé en plein centre. Elle a été la capitale de la province de la Numidie, la cité rebelle de Massinissa et de Jugurtha, qui se sont opposés à la puissance de Rome. Tous les livres d'histoire que j'ai pu consulter disent que Cirta fut l'une des villes les plus riches d'Afrique, détruite par Maxence lors d'une insurrection en 311, et relevée par l'empereur Constantin, qui lui donna son nom. Sous les Ottomans, elle a été le chef-lieu d'un vaste beylik, avec à sa tête le plus célèbre des beys, Salah, qui la transforma en grande capitale administrative. Salah Bey édifia aux environs de la place du Souq al-'Asr (où ma mère faisait le marché presque chaque jour, sauf le samedi), une medersa, une mosquée, et un palais que je traversais tous les jours pour aller à l'école primaire. C'est ce bey qui installera les juifs, jusque-là dispersés, pauvres et humiliés dans leur statut de *dhimmis*[1], dans un quartier nouveau, restreint et resserré, nommé Kar Charrah (en arabe, le bout, le cul de la lie), situé au nord de la ville de cette époque. Lorsque la France s'installe dans la ville, le quartier juif s'ouvre jusqu'au contrefort du ravin du Rummel, avec les constructions modernes de la rue Thiers se prolongeant jusqu'au boulevard de l'Abîme. Dans cette histoire longue, est arrivée la conquête française.

Je n'ai pas de souvenirs de récits familiaux sur l'attitude des juifs de Constantine à l'égard des conquérants. Ont-ils accueilli les Français en libérateurs, comme ceux d'Alger ? Ou, au contraire, ont-ils combattu aux côtés des habitants de la ville ? Certains historiens penchent pour la seconde hypothèse, mais beaucoup évitent de se prononcer clairement (les récits font état de combats avec les Turcs, puis d'un ralliement aux troupes françaises). Au terme d'un siège de plusieurs mois, la prise de la ville en octobre 1837 a été terrible, la résistance acharnée, et la répression horriblement

1. Sur le statut juridique de *dhimmi*, où les « gens du livre » étaient à la fois soumis et protégés, voir le grand livre pionnier d'André Chouraqui, *La Saga des Juifs en Afrique du nord*, Paris, Hachette, 1972. Salah Bey protégea la communauté juive, embellit la ville, et devint suspect aux yeux de l'administration ottomane d'Alger. Il se vit acculé à l'insurrection. Vaincu, il périt étranglé. La coutume dit que les femmes de Constantine, musulmanes et juives, ont toujours porté son deuil en s'habillant de voiles noirs.

cruelle. Dans une des lettres, l'officier français Saint-Arnaud écrit : « On marchait jusqu'aux genoux dans des sangs et dans le sang [...]. Quelle scène, frère, quel carnage, le sang faisait nappe sur les marches ! Pas un cri de plainte n'échappait aux mourants ; on donnait la mort et on la recevait avec cette rage du désespoir qui serre les dents, et renvoie les cris au fond de l'âme. Les Turcs cherchaient peu à se sauver, et ceux qui se retiraient profitaient de tous les accidents de murs pour faire feu sur nous. J'ai vu là bien des morts, j'ai fixé bien de ces terribles et poétiques figures de mourants qui me rappelaient le beau tableau de la bataille d'Austerlitz. [...] Enfin, frère, j'arrivai à une petite place où je retrouvai le commandant Bedeau. Heureux de nous retrouver en vie, nous nous serrâmes la main. Il me fit quelques compliments en me voyant avec mon sabre et mon yatagan turcs, et la figure et les mains pleines de sang, mon sabre rouge ; enfin, quoi, j'avais l'air un peu boucher[1]. »

Après la conquête, ce fut le temps des voyageurs, écrivains et poètes venant de France. J'ai découvert tous ces récits au début de mes études d'histoire à la faculté de Nanterre, mais mon père nous disait que Dumas et Flaubert connaissaient notre ville. Pour Théophile Gautier, qui chante les mérites de la civilisation française, « Constantine comme Alger doit disparaître sous l'envahissement du goût français. Elle n'existera plus bientôt qu'à l'état de souvenir. » Mais pour Gustave Flaubert, qui prendra son bateau du retour dans la baie de Stora (près de Philippeville), « la chose que j'ai vue de plus beau jusqu'à présent, c'est Constantine, le pays de Jugurtha ». Guy de Maupassant, lui,

1. Cité par François Maspero, *L'Honneur de Saint-Arnaud,* Paris, Plon, 1994, p. 110-112.

pose son regard sur le spectacle des femmes juives, dans le quartier qui fut le mien : « Salut aux juives. Elles sont ici d'une beauté superbe, sévère et charmante. Elles vont, les bras nus depuis l'épaule, des bras de statues qu'elles exposent hardiment au soleil ainsi que leur calme visage aux lignes pures et droites. Et le soleil semble impuissant à mordre cette chair polie[1]. »

Quant à Alexandre Dumas, après son voyage de 1846, il retrace les difficultés de la bataille livrée par l'armée française dans cet « inextricable réseau de ruelles arabes où s'étend un labyrinthe de constructions incompréhensibles ; des enfoncements qui semblent ouvrir des passages qui n'aboutissent à rien, des apparences d'entrées sans issues, des semblants de maisons dont il est impossible de distinguer les côtés, de désigner les faces[2] ». En lisant ces lignes bien des années plus tard, j'ai eu le sentiment de me retrouver, en partie, dans l'épaisseur du temps singulier de mon enfance. Dumas, dans son ouvrage *Le Véloce*, publié en 1848, relate les différentes étapes de la prise de Constantine, et cite les noms des principaux officiers français : l'armée qui pénètre par la brèche sous le commandement du duc de Nemours, les généraux Damrémont, Caraman et Perregaux ; l'assaut de la ville par la colonne Lamoricière… Ces noms de militaires ont été donnés à toutes les principales rues de mon quartier. Avec la promenade de la rue Caraman

1. Le même Guy de Maupassant écrira, cette fois à propos des juifs du Sud : « À Bou Saada, on voit les juifs accroupis en des tanières immondes, bouffis de graisse, sordides et guettant l'arabe comme une araignée guette une mouche. » D'autres portraits de juifs, par d'autres écrivains comme Jean Lorrain, disent aussi l'antisémitisme du regard porté par les voyageurs venus de France.

2. Les citations d'écrivains sont extraites de l'article de Nedjma Benachour, « Constantine visitée au XIXe siècle. De l'exotisme à l'observation sociale », in *Constantine, une ville, des héritages,* sous la direction de Fatima-Zohra Guechi, Alger, Média-Plus, 2004, p. 113-116.

à la place Lamoricière (près du garage Citroën, à côté du casino), et les flâneries de la rue du 26e de Ligne au square Vallée (qui commanda l'artillerie au moment de la prise de la ville).

Dans les années cinquante, les enfants avaient beaucoup moins d'images à leur disposition qu'aujourd'hui, nous n'avions que les livres scolaires, les photos dans les albums, les bandes dessinées et aussi, surtout, le cinéma. Dans ma réserve d'images, il y avait les descriptions de la conquête française et les statues d'officiers français érigées sur les principales places de la ville. Celle de Lamoricière était incroyable : j'étais en admiration devant cette gigantesque statue sombre du général sabre au clair, un soldat sonnant le clairon à ses pieds, et les scènes de combat avec des figurines de militaires tournant autour sa base[1].

Je ne connaissais pas encore le nom du grand écrivain Kateb Yacine, né en 1929 dans ma ville, ou les toiles du peintre Jean-Michel Atlan, ami de mon père, né à Constantine en 1913, et mort à Paris en 1960. Et pas vraiment la destinée des grands musiciens, et créateurs, des maîtres de musique *maalouf* (musique arabo-andalouse), comme Raymond Leyris, Tahar Fergani, Alexandre Nakache, ou Sylvain Ghrenassia[2]. Lorsque je suis arrivé dans mon lycée à Paris en 1962,

---

1. Cette statue, œuvre de Jean-Baptiste Belloc, a été démontée, amenée en France après 1962, et placée dans une petite ville de Loire-Atlantique.

2. Sur la musique, voir le travail pionnier et fondamental d'Abdelmadjid Merdaci, en particulier *Musique et musiciens de Constantine au XXe siècle*, thèse de doctorat en sociologie soutenue en 2002, à Paris VIII-Saint Denis. Sylvain Ghrenassia est le père d'Enrico Macias. « Le violon de Sylvain, à la fois sa pose très typée sur le genou et sa sonorité inimitable, fait partie de l'imaginaire, et de l'histoire musicale constantinoise », écrit A. Merdaci au moment de son décès, dans le quotidien algérien *El Watan,* du 20 juin 2004. Né en 1914 à Jemmapes (actuelle Azzaba), « Sylvain » découvre les musiques constantinoises en écoutant particulièrement le grand maître Maurice Draï. Il joue avec Raymond Leyris, dont

ce moment difficile où je devais appréhender, seul, le monde, personne dans ma classe ne connaissait la ville de Constantine. Mais moi je savais, instinctivement, que j'appartenais à une vieille et grande histoire. C'était mon secret « culturel », la marque de supériorité d'un citadin.

---

il sera le violoniste attitré, l'ami et l'alter ego. Il décède en juin 2004, et est enterré dans le carré juif du cimetière de Pantin.

2

Une ville du Sud

À Constantine, retranchée derrière ses remparts, la vie était laborieuse et fastidieuse, mais aussi entraînante et gaie.

J'ai vécu une enfance de petit citadin qui ignore les joies de la campagne, dans cette vieille cité, bâtie sur un rocher, d'accès difficile, assez impénétrable, si ce n'est par ses ponts. Elle donnait un sentiment d'isolement très fort, auquel s'ajoutait le repli domestique. Durant les deux dernières années de la guerre d'Algérie, nous sortions très peu dans la rue. Les enfants jouaient à l'intérieur des maisons, sur les terrasses principalement, ils ne s'égayaient plus dehors. Cette impression d'encerclement géographique de la ville avec ses gorges gigantesques et ses nombreux ponts était accrue par l'enfermement dû à la guerre. Nous n'étions plus dans une ville ouverte, « normale ». C'est une position très particulière que de vivre dans une guerre et en même temps dans une ville en elle-même haute, secrète, austère.

L'aspect citadin contredit un certain nombre de stéréotypes. On croit ainsi que les enfants d'Européens d'Algérie étaient des fils de colons. Ce n'est évidemment pas vrai. Je me souviens que Constantine, ville sévère, n'était pas triste pour autant. On s'y amusait comme on pouvait. On écoutait Dalida, Gloria Lasso, Dario Moreno, les premiers tubes de rock de Little Richard ou d'Elvis Presley. La chanson de Paul Anka – *Diana* – tournait en boucle. La musique nous enchantait. Pas seulement celle des chanteurs modernes poussant vite leur ritournelle ; mais l'autre, entendue dans les « communions » (les Bar Mitsva) ou les mariages, le *maalouf*, chanté par « Raymond » et « Fergani ». Je garde toujours en mémoire la vie quotidienne à Constantine, elle n'était pas dénuée de joie et d'entrain. Trop souvent, on a tendance à regarder une histoire par la fin, la tragédie, le départ, la séparation, la guerre, les attentats. Tout cela bien entendu a eu lieu. Mais je me souviens aussi de la gaieté qui régnait dans cette ville. La rue de France regorgeait de cafés fréquentés par des juifs, des hommes bien sûr pour la plupart. Des dizaines de cafés, d'où partout s'échappait de la musique. L'un d'eux, en face de chez moi, à l'enseigne « Jacky Bar », passait souvent des chansons d'Elvis Presley. J'écoutais déjà, avant l'arrivée en France, les « tubes » de l'époque, les premiers succès de Johnny Hallyday (*Souvenirs, souvenirs*). Mon père allait quelquefois au café, après la fermeture de son magasin, prendre l'apéritif avant de rentrer à la maison. La boisson reine était l'anisette Phénix, qu'il continuerait de boire, et de chercher, après son arrivée en France. Je l'accompagnais. Ça riait fort, ça parlait très fort, c'étaient les grosses blagues. Sans compter l'animation joyeuse avec le temps des mariages, des circoncisions, des fêtes religieuses. Je me souviens par exemple de la fête de Shavouot, où l'on célébrait la Torah, et qui s'était transformée en joyeuses batailles d'eau dans tout le quartier (alors que l'eau était une denrée précieuse à Constantine). Même à la synagogue, les jeunes s'aspergeaient d'eau. Je me souviens aussi de la grande rigolade qui avait secoué la ville lors de la victoire du boxeur Alphonse Halimi, un enfant de chez nous. Il avait gagné le championnat du monde des poids coq à Londres le 25 octobre 1960 en battant un Britannique, et il s'était exclamé à l'issue du match, suivi avec passion par toute la communauté juive : « J'ai vengé Jeanne d'Arc ! » Mais le boxeur anglais était un Irlandais, et devant les cris de la foule, Alphonse Halimi étonné avait demandé à son manager : « Au moins, ce sont bien les Anglais qui ont brûlé Jeanne d'Arc ? »[1] Si l'animation était toujours grande dans le Kar Charrah, elle semblait prise d'un vent de folie le jour de Pourim : on y fêtait le souvenir d'Esther, une belle jeune femme qui tenait secrètes ses origines judéennes, qui avait sauvé le roi Assuérus d'un complot ourdi par un personnage du nom d'« Aman ». « Ici, tout le monde jeûne la veille de Pourim. Petits et grands, jeunes et vieillards sont pris ce jour-là de la folie du jeu. Dans un désordre indescriptible, on retrouve dans cette rue Grand petits, adultes ou vieillards prêts à en découdre pour un dé qui a mal roulé ou pour une carte maladroitement glissée ici ou là, mal à propos. On joue à tout et pour de l'argent. On se dispute aussi car on est toujours convaincu d'avoir perdu à la suite d'une tricherie. Ni le jeûne, ni les pertes d'argent n'entament la vivacité des participants[2]. »

---

1. Alphonse Halimi est né le 18 février 1932 à Constantine. Il est mort, pauvre et oublié, le 12 novembre 2006 à Paris.

2. Eliaou Gaston Guedj, « Constantine », in *L'Algérianiste,* n° 73, mars 1996.

Seul le samedi (shabbat) échappait à la règle : la fermeture des magasins juifs rendait les rues désertes, et l'animation reprenait à la tombée de la nuit, surtout en direction des cinémas. Énormément de salles étaient alors pleines à craquer. J'habitais en face du Vox, très connu à Constantine et qui, en 1959, a changé de nom pour s'appeler le Triomphe. De la terrasse de ma maison, j'entendais la bande-son du film, avant d'aller le voir. Je savais de quoi il retournait. J'écoutais ce que disaient les acteurs. C'était émouvant et drôle. Il y avait aussi l'ABC, une très belle salle avec toit ouvrant ; le Casino bien sûr, détruit après l'indépendance. Une vraie perte que ce vieux bâtiment d'architecture coloniale, absolument somptueux. Les films n'arrivaient pas plusieurs années après leur sortie à Paris. Ils étaient pratiquement programmés en même temps à Alger, Paris ou Constantine. Et le petit chanteur espagnol, Joselito, enflammait les publics de la Méditerranée. Mes tantes me disaient que j'étais son « sosie » en me caressant les cheveux, et je n'étais pas peu fier. Le samedi après-midi souvent, on découvrait l'Amérique par la magie du cinéma. C'est ainsi que j'ai vu *Le Pont de la rivière Kwaï* dès qu'il est sorti en 1957, les films de la Seconde Guerre mondiale, les westerns américains, avec Alan Ladd (dont, à l'époque, nous ignorions la petite taille). J'allais avec les copains au Vox où régnait un brouhaha permanent et réjouissant, un peu comme celui que j'ai retrouvé plus tard dans des films de Fellini, tel *Amarcord*. Fréquemment, les spectateurs s'adressaient directement au héros menacé, s'exclamaient : « Attention derrière toi ! » Au Vox, toute la communauté juive s'est précipitée pour voir *Les Dix Commandements*, avec Charlton Heston, et le méchant Edward G. Robinson (celui qui poussait les juifs à aimer le Veau d'or). Cette fois-là, il n'y eut pas de brouhaha pendant la projection, mais un silence quasi religieux. J'avais souvent droit à une seconde séance le soir, le samedi, au Colisée avec les parents. C'est là que j'ai vu des films inoubliables, et qu'est née ma passion pour le cinéma, avec par exemple, en 1957, *Quand passent les cigognes. Les 400 Coups*, de Truffaut, deux ans plus tard, a résonné fort en moi, je m'identifiais à Jean-Pierre Léaud. C'est que, sans le savoir, j'étouffais. Ce que je ne réaliserais qu'une fois arrivé à Paris en juin 1962, à la fin de la guerre d'Algérie.

Je garde vraiment le souvenir d'une ville gaie, où les gens faisaient la fête. J'y insiste, parce que Constantine a plutôt une image d'austérité. Ce n'est pas celle que j'en conserve. Elle était certes secrète, fermée sur elle-même par sa situation géographique. Mais les deux communautés principales qui y vivaient étaient joyeuses. Une proximité physique, une atmosphère de sensualité se dégageaient de cette ville. À l'approche de l'été, il faisait une chaleur terrifiante la journée. Mais dès que le soir tombait, la fraîcheur arrivait, et très vite les gens sortaient. Par petits groupes, ils flânaient du lycée d'Aumale vers la place de la Brèche, en empruntant la rue Caraman. C'était toujours la même déambulation, mais les promeneurs se connaissaient, se parlaient, se regardaient, se saluaient, se draguaient. Un *paseo* très méditerranéen, en Italie, en Espagne, les gens en font de même. Là, les potins pouvaient se propager facilement. On s'extasiait sur la réussite sociale d'Untel (le rêve des mères était que leur fils devienne dentiste ou, suprême réussite, chirurgien). On déplorait qu'un « fils de bonne famille » soit revenu de Paris avec une blonde parisienne et « goy » de surcroît, c'est-à-dire catholique. On murmurait à voix basse sur les infidélités conjugales, et on compatissait sur les maladies qui pouvaient plonger les familles dans le malheur. Mais l'instant d'après, l'annonce officieuse de fiançailles ou d'un mariage remplissait de joie, et les larmes du malheur pouvaient disparaître instantanément. Ma mère était une grande spécialiste de ce changement spectaculaire d'attitude, le passage du rire aux larmes, ou l'inverse (j'avais remarqué cela au cours d'une veillée mortuaire où j'avais été admis par erreur). Cela me faisait douter de l'authenticité de ses sentiments. Certaines conduites osées, comme le fait de porter des jupes courtes ou des décolletés, scandalisaient certaines femmes et ravissaient tous les hommes qui faisaient mine de s'offusquer. Dans cette espèce de complicité à la fois communautaire et citadine, tout le monde connaissait tout le monde. Et quand ma mère, beaucoup plus tard dans l'exil, sortira dans la rue, elle dira, tristement : « Ici, pas une tête connue… »

L'animation des ruelles de la ville, c'était aussi l'existence de nombreux petits métiers : le repasseur de couteaux, les marchands ambulants, les vitriers, les rempailleurs de chaises, qui arpentaient les trottoirs. Nous vivions en évitant le soleil. Attitude typiquement méditerranéenne que cette peur du soleil, la hantise de la chaleur, l'obsession perpétuelle de se protéger de la « fournaise ». Dès que le soleil commençait à taper très dur, tout le monde se « cachait », se protégeait. Les gens vivaient en fait beaucoup dans les appartements, toutes persiennes baissées. Je me souviens de mes tantes aspergeant en permanence à grands coups de jet d'eau le carrelage pour rafraîchir la maison. Geste fondamental, rafraîchir la terrasse, la maison d'une manière régulière. La vie se passait dans cette sorte de clair-obscur humide toute la journée et l'on sortait en fin d'après-midi. Le souvenir de cette pénombre est pour moi associé à la sensualité. Dans les appartements, les gens vivaient dans une grande proximité qui éveillait le désir sexuel.

En été, nous allions à Stora, une plage de Skikda (ex-Philippeville). Ma sœur, elle, allait aussi souvent à Khenchela. Ce lieu mystérieux pour moi est le berceau séculaire de la famille de mon père, un gros bourg, chaud du printemps à l'automne, que j'imaginais froid à cause de la montagne toute proche. Mes grands-parents, comble d'aisance, de puissance et de modernité, possédaient un cinéma. La description que faisaient ma sœur et mes tantes de la maison du grand-père est restée vive, énigmatique et captivante. Nous ne restions pas longtemps à Philippeville. Les gens plus riches louaient des maisons. Nous ne partions que le vendredi pour le week-end. L'été pour nous, c'était juillet, août et septembre, les trois mois de vacances. Du 1er juillet au 1er septembre, on se ruait vers la Méditerranée, pour se baigner, aller à la plage, se brûler au soleil, rire dans les retrouvailles familiales. Mais tout s'arrêtait le 1er septembre, jamais au-delà. Drôle de règle, immuable. Plus tard, quand je vivrais à nouveau au Maghreb, au Maroc, je la retrouverais. Le 2 septembre au matin il n'y avait plus grand monde sur les plages, alors qu'il faisait aussi chaud que la veille ! L'été est une notion très relative. Dans mon enfance, le départ à la plage était une véritable aventure. Une aventure assez balisée quand même, puisque tout était préparé. Les femmes s'occupaient de la nourriture, le couscous, la *t'fina,* et de l'organisation générale.

3

En Orient ?

Dans les petites rues de mon quartier, des émanations de toutes sortes se répandaient. Désagréables quelquefois avec la présence d'animaux, les ânes qui portaient des quantités astronomiques de marchandises, ou l'urine des chats qui vivaient sur les terrasses. Agréables, avec la menthe fraîche, le persil ou la coriandre ; l'odeur du poisson frais qui sortait des cageots, ou celle des sacs d'épices et de café. Lors des préparatifs pour les fêtes religieuses, l'activité commerçante redoublait, surtout dans les boucheries. L'achat de la viande, des quartiers de paleron (très recherchés) aux nombreux poulets, était le signe de l'approche des grandes fêtes, Kippour, Pessah ou Roch Hachana. Après notre départ d'Algérie, j'ai longtemps accompagné mes parents « à la viande », dans le quartier de Saint-Paul à Paris, puis du côté de la Villette. Ce rite des achats de victuailles disait toute l'importance accordée à la préparation et à la consommation de la cuisine ancienne, millénaire, et toujours présente[1]. Nous vivions

1. Sur cette question, voir le beau livre de Joëlle Bahloul, *Le Culte de la table dressée. Rites et traditions de la table juive algérienne*, Paris, Métailié, 1983.

en Orient, au rythme des fêtes religieuses et des saisons, avec le sentiment pour les juifs d'être là depuis toujours.

En Afrique du Nord, les juifs sont parmi les premiers habitants. Ils étaient là dès les premiers siècles, ayant précédé la présence arabe puis celle des Français. Auparavant *dhimmis*, sujets « protégés » mais soumis en terre d'islam, ils acquittaient la *djizia*, la capitation. En 1870, unilatéralement, les décrets Crémieux en font des Français. À Constantine, la communauté juive est une des plus importantes d'Afrique du Nord, et les habitants aiment dire que leur ville est la petite Jérusalem du Maghreb (beaucoup plus tard, j'apprendrais que les juifs de Tlemcen, de Fez ou de Tunis disaient la même chose de leur ville). Dans son merveilleux *Petit guide pour des villes sans passé*[1], écrit en 1947, Albert Camus évoque avec passion et mélancolie Alger, Oran et Constantine. Pour chacune des trois principales villes d'Algérie, quelques années seulement avant le début de la guerre d'indépendance, il dit ses souvenirs, ses sensations. « La douceur d'Alger est plutôt italienne. L'éclat cruel d'Oran a quelque chose d'espagnol. Perchée sur un rocher au-dessus des gorges du Rummel, Constantine fait penser à Tolède. » Et quelques lignes plus loin, il caractérise chacune par ses quartiers : « Pour le pittoresque, Alger offre une ville arabe, Oran un village nègre et un quartier espagnol, Constantine un quartier juif. »

Albert Camus avait bien vu, Constantine est une ville particulière par l'importance de sa population juive, mêlée à la population musulmane. En 1941, la ville compte 30 640 musulmans pour 50 232 Européens, mais la rubrique « Européens » mentionne le chiffre

1. Publié dans *Noces, suivi de L'été*, Paris, Gallimard, Folio, 2010, p. 124.

de… 14 000 juifs. Et la très officielle *Encyclopédie coloniale* de noter : « Constantine est la ville où les juifs atteignent la plus forte proportion en Algérie : 13 % si on établit sur le total de la population communale, 18 % au moins si l'on ne tient pas compte de la population dite "éparse", mais seulement de celle qui est agglomérée dans la ville. Elle leur est certainement redevable, pour une part importante, de son activité commerciale[1]. »

Dans le vieux quartier juif de Constantine, juifs et musulmans vivaient imbriqués les uns dans les autres, et séparés du quartier dit « européen ». Deux villes se juxtaposaient ainsi dans la ville : la judéo-arabe, la vieille cité de Constantine où s'entassait une population extrêmement nombreuse et complètement mêlée ; et l'européenne qui se trouvait à Saint-Jean, de l'autre côté. Il fallait traverser le square Vallet, la place de la Brèche, remonter la rue Rolles de Fleury pour arriver place de la Pyramide. Là était le quartier européen. Nous y allions, bien entendu, mais nous sentions que c'était un autre lieu, très « français ». Une frontière invisible, qui n'était jamais reconnue comme telle, réapparaissait sans cesse entre les deux. L'univers plus européen, « métropolitain », venait s'agréger à un univers plus traditionnel, se référant au vieux passé de la ville. Cependant, un processus s'amorçait. Les juifs, qui traditionnellement vivaient avec les musulmans dans la vieille ville de Constantine, ont commencé à migrer vers le « quartier européen » au milieu de la guerre d'Algérie, dans les années 1956-1957. Ils invoquaient des arguments divers pour justifier ce premier départ, expliquant que c'était « plus moderne », « moins insalubre », mais

1. *Encyclopédie coloniale*, Alger, 1947, p. 137.

cela indiquait aussi une tendance, une orientation. C'était, déjà, le signe avant-coureur d'une transformation de l'espace judéo-arabe qui commençait à se vider au profit de la ville européenne. Et les prémices d'un mouvement de la communauté juive émigrant vers la « métropole », cette France mythique que bien peu connaissaient. À la fin des années cinquante, une partie de ma famille, du côté de mon père en particulier, avait déménagé dans le « quartier européen », et nous allions leur rendre visite le samedi après-midi dans une cité qui s'appelait « l'Abri ». Le « mélange » existait aussi au faubourg Lamy ou dans le quartier Bellevue. Mais avec mes parents nous sommes restés jusqu'au 16 juin 1962 rue Grand, au cœur de la ville traditionnelle. Mon père hésitait, il ne voulait pas quitter la vieille maison familiale où était mort son père en 1945. Ce n'était pas le cas de l'ensemble des juifs. La guerre avait progressivement séparé les communautés.

Je me souviens très bien de cette ligne invisible, de cet espace presque coupé en deux. La sensation était forte de se diriger d'une ville à l'autre. Que l'on vienne de la place de la Brèche, ou que l'on remonte la rue Thiers, c'était pareil : à un moment donné, la frontière se devinait. On sentait une autre vie, une autre histoire, ce n'étaient ni les mêmes rythmes de vie, ni les mêmes sons. À la fin de la guerre d'Algérie, avec la création de l'O.A.S. en 1961, les manifestations pour « l'Algérie française » se déroulaient place de la Pyramide, dans le quartier dit européen. Je m'en souviens, j'avais onze ans. La première manifestation pour « l'Algérie indépendante » avait eu lieu rue de France, dans le vieux quartier judéo-arabe. J'avais vu défiler à la fin de l'année 1961 des Algériens portant le drapeau vert, rouge et blanc, avec le croissant, et qui scandaient « Algérie musulmane ».

En douze ans de vie dans cette ville, je n'ai pas le souvenir d'être entré dans un appartement d'Européen. Et, rarement, de les avoir croisés dans la rue de notre quartier. Ils étaient presque des « étrangers » jusqu'à mon entrée à l'école, sur laquelle je reviendrai. Je pense aux mots du grand écrivain algérien Mohammed Dib, né en 1920, et parlant du monde de son enfance (celui d'un enfant musulman) : « Il m'arrivait bien de sortir en ville avec tel ou tel membre de ma famille : nous aurions dû croiser les ressortissants de cet autre monde (européen) précisément. Or j'ai beau battre le rappel de mes souvenirs, je jure qu'aucun ne me signale que nous avions fait de telles rencontres. Ma mémoire de cette époque reste vierge de tout souvenir d'étrangers. Ou bien ces derniers avaient le pouvoir de se rendre invisibles, donc ils n'impressionnaient pas ma rétine, ou bien mes yeux n'étaient nullement faits pour les voir. Ils n'existaient pas[1]. »

On dit souvent qu'il était également difficile d'entrer chez les musulmans, qu'ils formaient une société fermée, mais j'ai un autre souvenir. Pour les fêtes religieuses, le Mouloud ou l'Aïd el-Kebir, je garde en mémoire les musiques, les prières. Le quartier juif était imbriqué dans le quartier arabe, aussi connaissions-nous bien leur rythme de vie, et eux le nôtre. On entendait les prières en passant devant les mosquées, et ces prières avaient pour moi la même sonorité, la même intonation que celles de la synagogue (avec les psalmodies des versets du Coran et celles de l'Ancien Testament qui se ressemblaient étrangement).

1. Mohammed Dib, in *Une enfance algérienne*, textes recueillis par Leïla Sebbar, Paris, Gallimard, 1997, p. 109.

La maison de ma grand-mère, rue José-Ksentine, se situait tout près de la place des Galettes, là où était la bijouterie de mon grand-père maternel (lui aussi avait pour prénom Benjamin, Benjamin Zaoui). Là, les marchands musulmans, très avertis des rites juifs, prévoyaient longtemps à l'avance les articles indispensables pour certaines fêtes, associées bien sûr à des coutumes culinaires. Les commerçants musulmans savaient bien qu'il leur fallait des montagnes d'épinards pour les fêtes de Roch Hachana (le nouvel an hébreu), d'innombrables paquets de cardes pour la fête du Grand Pardon (Yom Kippour) ou des monceaux de fèves fraîches pour remplacer les féculents interdits lors de la Pâque juive (Pessah). Les musulmans se rendaient dans les boucheries juives, comme celle située non loin de chez moi, tenue d'une main énergique par une femme, « Jeanne-la-bouchère ». Ils savaient qu'ils pouvaient, en toute sécurité, manger « halal ». Et dans mon quartier, le pain de shabbat, amené le vendredi, était cuit dans le four d'un boulanger musulman qui avait pour nom « Bouchelaram » (« l'homme à la grande moustache »). Chez lui, je me régalais de beignets brûlants, de *zlabias* et de *makrouds*, gâteaux enveloppés dans du papier journal.

Pourtant, les juifs de Constantine se considéraient comme des Français, et s'étaient éloignés des « indigènes », même s'ils vivaient en grande partie comme eux. *Vivre à l'indigène* était d'ailleurs l'expression consacrée. Pour les fêtes religieuses, côté maternel, à Pâques, mes grands-parents étaient habillés en djellaba et caftan, on mangeait par terre, sur les poufs, ils récitaient la Haggadah comme le faisaient leurs aïeux (je reviendrai plus tard dans mon récit sur cet aspect).

Jamais je n'ai donc été surpris par des femmes habillées « à l'indigène ». D'abord, parce que ma grand-mère maternelle était vêtue ainsi et ne parlait que l'arabe, qui était pour moi le seul moyen de communiquer avec elle. Et puis la femme musulmane qui le samedi venait à la maison pour repasser et, shabbat oblige, pour allumer les lumières et le feu dans la cuisinière, se dévoilait sitôt arrivée. Je lui parlais beaucoup, en français et en arabe. Je m'amusais aussi avec les deux employés musulmans de mon père, Smaïl et Sebti, dans sa boutique de semoule. Bref, nous étions proches.

Ça n'allait toutefois pas plus loin, même à Constantine, quoi qu'on ait pu en dire. Dans un beau récit sur la vie constantinoise des années 1950, Harry Benhaiem écrit : « Arabes et juifs se mélangeaient avec une grande complicité affectueuse, tissée par la misère commune, mais qui s'arrêtait malheureusement, sous le poids des préjugés et des mœurs, de la pesanteur des croyances, à l'entrée de chaque maison, qui ne voulait pas s'ouvrir pour laisser rentrer les "différences" : chacun préservait l'intimité communautaire[1]. » Certes, il y avait sans doute davantage de porosité qu'ailleurs, du moins dans l'espace public, entre les communautés juive et musulmane de respectivement 20 000 et 60 000 âmes environ, sur une population de 100 000 personnes où les Européens étaient donc minoritaires. Mais, à Constantine comme dans les autres villes, c'est la séparation communautaire qui prévalait et qui, on le sait, faisait alors problème dans ce pays. Les juifs vivaient entre eux, avec leurs mœurs et leurs croyances, les musulmans et les Européens aussi. Il n'y avait pas vraiment d'échanges dans la sphère privée. Et guère de mixité à l'école publique Diderot, non loin de la rue Grand où j'habitais, au cœur du Kar Charrah. Dans ma classe, je me

1. Harry Benhaiem, *Simon, l'enfant de Kachara,* Édilivre, 2013, p. 20.

souviens d'environ cinq ou six élèves musulmans pour une vingtaine de juifs et cinq ou six Européens, ce qui témoignait des inégalités juridiques, politiques, sociales et économiques dans l'Algérie coloniale des années 1950. Sur cette question, l'historien algérien Mohammed Harbi dans son autobiographie nous invite à dépasser les considérations de politique immédiate (comme le conflit israélo-arabe qui commence vraiment pour les juifs et les musulmans à partir de l'intervention à Suez en 1956) pour nous plonger dans la réalité des rapports anciens entre les uns et les autres. J'apprécie beaucoup ce propos, la citation est un peu longue mais on y sent une profonde sincérité qui me touche :

« Le monde des femmes, nos éducatrices, était le principal conservatoire des préjugés. Ceux-ci présidaient, dès notre plus jeune âge, à nos rapports avec les juifs et les chrétiens. Dominés conjoncturellement par eux, nous pensions que nous leur étions supérieurs parce que musulmans, qu'un jour on reconquerrait l'Andalousie et que le monde entier serait musulman. Les juifs étaient décrits comme des hommes rusés dont la ruse était toujours au service de la trahison et de la perfidie. Preuve en était qu'ils avaient "trahi" le Prophète. Et si tolérance il semblait y avoir dans nos relations avec eux, celle-ci était une attitude de circonstance sans mise en question de nos stéréotypes (de nature, alors, ethnocentrique et non raciste, faut-il le préciser). C'est à mon père – qui ne connaissait d'autre valeur que le mérite et le travail – que je dois d'avoir pris mes distances à l'égard de ces préjugés. Les jugements portés contre les juifs et les chrétiens l'énervaient et l'irritaient très profondément : "Nous descendons tous d'Adam, chacun le révère à sa manière", aimait-il à dire. De la même façon, il détestait entendre ce qui se disait contre les Kabyles et les Mozabites. C'était en tout cas son attitude vis-à-vis de nous, et son rôle d'éducateur. N'empêche que je l'ai vu souvent rester muet quand d'autres étalaient leurs préjugés. Une seule fois, il utilisa même, en ma présence, le terme de "juif" d'une manière péjorative. L'anecdote vaut d'être contée. Un ami juif de Constantine, Guez, tailleur de son métier, avait besoin d'un crédit que la BNCI (Banque nationale pour le commerce et l'industrie) lui refusait. Je demandai à mon père d'intervenir en sa faveur. Il prit rendez-vous avec le directeur de banque. Nous l'y avons accompagné. Comme le directeur ne le reçut pas à l'heure convenue, il s'impatienta et s'écria : "Ce juif nous fait attendre ! Il va voir ce qu'il va voir." Guez partit d'un grand éclat de rire. "On nous a appris tant de mauvaises choses, murmura mon père. Elles reviennent quand on se met en colère[1]." »

Le refus des stéréotypes manifesté par le père de Mohammed Harbi n'était pas très courant. Juifs et musulmans évoluaient généralement, au quotidien, dans un monde de préjugés ancestraux. Les jugements négatifs et dévalorisants portaient dans les deux sens et n'avaient cessé de se transmettre de génération en génération, dont en particulier la vieille accusation de « trahison » des juifs à l'égard du prophète Mohamed aux premiers temps de l'Islam. Avec la colonisation et la fin, sous le règne colonial de la France, du système de la « dhimmitude », c'est-à-dire de la situation juridique inférieure des juifs sous la « protection » des musulmans, les deux communautés vécurent dans des mondes de plus en plus séparés. Alors que

---

1. Mohammed. Harbi, *Une vie debout, Mémoires politiques,* t. 1 : *1945-1962*, Paris, La Découverte, 2001, p. 37.

jusque-là les perceptions et les attitudes, y compris négatives, que les uns avaient envers les autres s'inscrivaient dans un même espace politique et culturel. Le décret Crémieux de 1870 a aggravé la séparation, sans compter la misère sociale dans laquelle sont restés enfermés de nombreux musulmans. Le philosophe Jean Cohen, ami de l'historien Marc Ferro, raconte ainsi avec lucidité ces scènes de vie ordinaire à Alger à la veille de la guerre :

« Lorsque j'étais enfant, il nous arrivait souvent, surtout le soir à la maison, de trouver sur les marches de l'immeuble des "petits Arabes" endormis. Nous les enjambions purement et simplement. D'autres les réveillaient et les chassaient, sans cruauté ni haine. Les sentiments à l'égard de l'Arabe étaient le mépris et plus profondément encore l'indifférence, celle que l'on a pour les objets. Je me souviens bien de n'avoir éprouvé nulle compassion pour cette misère enfantine, parce que je croyais sur le mode de l'implicite qu'ils ne souffraient pas de leur état. Ils avaient la peau dure, leur sensibilité était moindre. En bref, la misère était "normale" pour eux[1]. »

En définitive, qu'avions-nous en commun, juifs et musulmans ? Les langues, arabe, français, les mêmes mélopées de prière, des parentés musicales, des traditions culinaires ; et le marché, les rues, où les femmes tout de noir voilées (à la différence d'Alger où elles étaient vêtues de blanc) que je croisais incarnaient à mes yeux l'islam pieux, attaché à la tradition. Je voyais donc autour moi une vie judéo-musulmane[2], et

---

1. Jean Cohen, *Chronique d'une Algérie révolue,* Paris, L'Harmattan, 1994, p. 62.

2. Sur cette histoire judéo-musulmane, voir *Histoire des relations entre juifs et musulmans,* sous la direction d'Abdelwahab Meddeb et Benjamin Stora, Paris, Albin Michel, 2013.

j'y participais même en parlant l'arabe avec ma mère, (« donne-moi de l'eau », « va acheter le pain », « va dire à ton père »), la langue du quotidien. Mais je me vivais comme Français. C'était ça l'important. Être et paraître *comme* les Français. La volonté d'imitation et d'assimilation était très forte, au grand dam des rabbins de la ville qui mettaient en garde contre les risques de dissolution de la communauté. Finalement, c'est dans la différenciation par rapport à l'arabité et à l'islam que s'établissait le sentiment d'appartenance à la France.

Sur la relation complexe entre « Arabes » musulmans et juifs, Valérie Assan[1] raconte un épisode peu connu de la guerre de conquête coloniale livrée par l'armée française contre l'émir Abd El Kader dans les années 1830. Elle décrit le massacre de juifs de Mascara qui n'avaient pas voulu rester fidèles au combat de l'émir contre la France. Elle montre comment les juifs algériens, en voulant quitter leur condition de *dhimmis*, se sont retrouvés « punis » par les cavaliers arabes. Mais elle rappelle aussi que les juifs sont revenus à Mascara, devenue la capitale de l'émir Abd El Kader. Cette attitude témoigne de l'ambiguïté des rapports qui s'étaient noués pendant de longs siècles entre les deux communautés. Il y avait bien chez les juifs le désir d'émancipation, de conquête d'égalité, mais également un attachement à des usages, à des traditions, et notamment à la pratique de la langue arabe. Ce va-et-vient des juifs de Mascara, au moment de la conquête coloniale française, est symptomatique de l'ambivalence entre Orient et Occident. On sait que la passion d'égalité sera plus décisive que la force

1. Voir en particulier sa thèse, *Les consistoires israélites d'Algérie au XIXe siècle : « L'alliance de la civilisation et de la religion »*. Cette thèse a donné lieu à une publication, Paris, Armand Colin, 2012.

de la tradition, et que les juifs d'Algérie pencheront progressivement, et massivement, vers la France en quittant leur condition d'« indigènes », par le décret Crémieux du 24 octobre 1870. La naturalisation collective des juifs d'Algérie va créer un bouleversement considérable dans leur communauté qui vivait alors, sinon en symbiose, du moins avec la population musulmane. En étant séparés du jour au lendemain, ils changeaient de camp et se solidarisaient avec l'étranger. Recensés, inscrits à l'état civil, ils apprenaient à lire et à écrire le français, découvraient l'hygiène, abandonnaient les petits métiers traditionnels pour embrasser des professions nouvelles, sans rien renier de leurs coutumes religieuses ou culinaires. Tout cela s'accomplira par paliers selon les générations et les régions, les photos de famille en témoignent. Si les plus âgés conservent le costume à l'orientale[1], à la veille de la guerre de 1939, tous les jeunes sont vêtus à l'européenne. Mais surtout, l'entrée officielle des juifs d'Algérie dans la cité française a signé la fin de leur statut de *dhimmis* protégés en terre d'islam depuis des siècles. Ce bouleversement n'a pas été sans provoquer des réticences du côté des autorités religieuses, qui y voyaient la mise en œuvre d'un projet d'acculturation. Plus d'un siècle après le décret Crémieux, en 1986, des rabbins se souviennent des réactions de leurs ancêtres à l'arrivée des Français en Algérie, de leurs craintes de ce « laïcisme extrêmement pernicieux », de cette nouvelle vision du monde qui, agissant sur le judaïsme algérien, a poussé certaines couches de la population, principalement celles qui possédaient une formation intellectuelle avancée,

1. L'ouvrage *Les Juifs d'Algérie, Images et textes*, sous la direction de Jean Laloum et Jean-Luc Allouche, Éditions du Scribe, 1987, montre des centaines de documents photographiques où se devine cette évolution.

à s'éloigner de la communauté. « Tout s'est passé comme si, pour un médecin ou un avocat, continuer à être religieux en Algérie, c'était déchoir par rapport à leur espérance d'identification totale avec le citoyen français qu'ils admiraient et avec lequel ils espéraient se confondre[1]. »

Le rapport à l'Orient, c'est aussi, surtout, le hammam, avec les femmes, le vendredi après-midi, quand il était réservé aux femmes juives. Femmes et hommes ne s'y mélangeaient pas, bien sûr. Juifs et musulmans non plus, il y avait donc une double séparation. Quant aux Européens, pour eux le hammam était l'affaire des indigènes. Ah ! Ces après-midi très chauds auprès des tantes et des cousines à demi nues… Les mères lavaient vigoureusement les enfants, elles parlaient de leur mari, des plats qu'elles avaient commencé à préparer le matin pour le shabbat. Elles croyaient que les enfants entre leurs cuisses n'écoutaient rien, qu'ils étaient posés là comme des meubles. Mais ils entendaient tout, voyaient beaucoup. Découverte du corps féminin qui intrigue, surprend et fascine, volupté, parfums… Je suis allé au hammam très tard avec les femmes. Quelle chance ! Jusqu'à huit-neuf ans ! Jusqu'au jour où la femme qui gardait le hammam a dit à ma mère : « Ça suffit ! Il est grand le gosse ! » J'étais malheureux parce que, en me retrouvant au hammam avec mon père et mes oncles, ce n'était plus pareil. C'était vraiment… difficile. La proximité des garçons avec les femmes dans les appartements ou les hammams favorisait l'éveil à la sensualité, au désir.

1. Intervention du Grand Rabbin Emmanuel Chouchena, membre du Tribunal rabbinique et directeur du séminaire rabbinique. Colloque sur le judaïsme algérien, université Ben-Gourion, 5 juillet 1986. Document ronéo, page 7.

L'Orient sera toujours à mes yeux un univers féminin. D'ailleurs, il me sera difficile de voir les rues comme des forêts d'hommes, lorsque je reviendrai en Algérie dans les années 1980. Ce sont les femmes qui organisaient les fêtes, dirigeaient l'éducation, régentaient l'espace privé. Les hommes, on ne les voyait pas, le père était presque une figure absente dans le quotidien. Il continuait de travailler l'été et n'apparaissait qu'en fin de semaine, quand nous étions pour un mois et demi à la plage. Nouvelles baignades, sous la chaleur du soleil cette fois, toujours en compagnie des femmes, dans cette famille où elles étaient si nombreuses : mon père avait cinq sœurs et un frère, ma mère, six sœurs et un frère. Et moi, qui n'ai qu'une grande sœur, j'étais le plus jeune, et pas le moins choyé, de la bonne quarantaine de cousins et cousines. Mais, à huit-neuf ans, fini le hammam le vendredi après-midi ! Soudain l'univers féminin s'est dérobé tandis que s'ouvrait le temps des interdits et des peurs. Un vrai choc, raconté et vécu par tous les hommes d'Orient.

4

Les familles, la tradition

L'historien Charles-André Julien, dans sa monumentale histoire de l'Algérie, évoque les figures de grandes familles juives qui ont exercé une influence, politique ou financière, en Algérie avant l'arrivée française. Il cite les Duran, les Bacri-Busnach, les Serror et les Stora[1]. Venaient-ils d'Espagne, formant une aristocratie intellectuelle et commerçante qui fit d'eux « les vrais fondateurs du judaïsme algérien », d'après le mot de C.-A. Julien ? C'est ce que j'ai cru pendant longtemps, selon une histoire, devenue légendaire, qui s'est installée dans les esprits de nombreux juifs d'Algérie. Elle raconte que la plupart d'entre eux descendaient de familles qui avaient fui la sinistre Inquisition espagnole de 1492. Par les récits de mon père, je me croyais ainsi héritier d'une longue filiation pleine de culture, de bruit et de lumière. Dans la suite de ceux qui avaient pleuré, par la poésie ou par la musique, l'Andalousie perdue. Et il est vrai, surtout à Constantine, que le *maalouf*, la musique de

1. Charles-André Julien, *Histoire de l'Algérie contemporaine. La conquête et les débuts de la colonisation (1827-1871)*, Paris, PUF, 1979, p. 11.

la ville, est bien d'une sonorité arabo-andalouse. En vérité, au cours de mes études, j'ai découvert que peu de familles viennent d'Espagne, et que la plupart des juifs d'Algérie ont leur origine en… Afrique du Nord. Presque tous sont en fait des Berbères, les véritables indigènes de ces terres. Mais au temps de l'assimilation à la France, il était de bon ton de se rattacher à une filiation européenne, méditerranéenne.

Les deux branches de ma famille étaient-elles divisées, avec d'un côté les Stora de filiation espagnole, andalouse, et de l'autre, les Zaoui, en continuité arabo-berbère ? Un mixte parfait en quelque sorte, entre deux grandes histoires qui ont marqué toute l'Afrique du Nord, chez les juifs comme chez les musulmans. Cette séparation commode pouvait expliquer l'« occidentalisation » ancienne des Stora, avec ma grand-mère paternelle, Julie, jouant parfaitement au piano de la musique classique, et mon grand-père, Benjamin, franc-maçon, lettré, décoré de la croix de guerre avec palme[1]… Et le côté très oriental des Zaoui, avec ma grand-mère Rina vêtue « à l'indigène » jusqu'à son départ d'Algérie, plus proche des traditions arabo-berbères, et ne parlant pas un mot de français. Mais mon grand-père maternel (qui lui aussi portait le prénom de Benjamin) a abandonné son magnifique costume ottoman au moment de la guerre de 14-18, et a envoyé ses filles à l'école française ; son frère, Charles Zaoui, a été décoré de la Légion d'honneur. On voit

1. Comme l'indique la citation suivant sa décoration (et que j'ai trouvée dans les archives militaires) : « Benjamin Stora (de Constantine), 8e Régiment de marche d'Afrique : médaille militaire, croix de guerre. A toujours rempli ses fonctions d'agent de liaison dans les situations les plus difficiles à l'entière satisfaction de ses chefs. A été grièvement blessé le 17 juin 1916 en transmettant un ordre. Amputé de l'avant-bras gauche. La présente nomination comporte l'attribution de la croix de guerre avec palme. »

que la séparation berbère/andalou, si commode, est bien fragile. Surtout si l'on examine avec attention les noms de ma famille. Celui de « Stora » vient-il vraiment de l'Espagne andalouse ? Pas si sûr. Car il est aussi celui d'un village de pêcheurs près de Skikda (ex-Philippeville) dont l'origine remonte à la nuit des temps. Stora, ville phénicienne ancêtre de Skikda, possédait son mouillage à environ quatre kilomètres à l'ouest. Ce port, ou plutôt ce comptoir maritime, niché au fond du golfe de Numidie, formé par le cap Bougaroun (en arabe, Ras-Bougaroun, qui signifie sans doute cap aux Cornes ou cap Cornu) et le cap de Fer (en arabe, Ras-el-Hadid), constituait un abri sûr pour les navires qui y venaient au mouillage. Certains historiens suggèrent de rapprocher le nom de Stora de celui de la Vénus phénicienne, Astarté, Astoreth ou *Astora*. Cette divinité était vénérée par les navigateurs phéniciens qui en sculptaient la figure sur la proue de leurs navires et très souvent donnaient son nom à leurs stations maritimes. Cette hypothèse peut être étayée par le fait que, plus tard, les Romains consacreront Rusicade (la future Skikda) à la déesse Vénus. Mais le nom de Stora n'apparaît vraiment qu'au Moyen Âge, et d'autres chercheurs estiment qu'il vient de l'arabe « *stour* » qui veut dire rideau, protection, abri, pour désigner l'abri que serait ce port. Selon l'anthropologue Tassadit Yacine avec qui j'ai discuté de l'origine de mon nom, Stora se rapproche fortement, en langue berbère, d'« *astur* » (pluriel, *isturen*) désignant les fabricants « de couffins » (nom de métier). La racine *str* en berbère peut signifier haut et grand, ou venir de l'arabe *str*, « protéger », mais jusqu'au xe siècle les Arabes n'étaient pas encore très nombreux à l'intérieur du pays berbère des Aurès.

Ma famille paternelle s'est établie depuis des siècles à Khenchela, en plein cœur du pays chaoui, les Aurès, cette terre berbère depuis l'origine sur laquelle régnait la célèbre reine de légende, la Kahina, qui a tenu tête à l'invasion arabe au VIIe siècle. Mon père, Élie, est né à Khenchela le 1er mars 1909, mon grand-père également, le 19 juin 1883, et mon arrière-grand-père avant lui. Il y a donc bien une longue filiation aurassienne, berbère. Ma grand-mère, Djouar-Julie (celle qui jouait si bien du piano), elle, est née à Aïn Beida le 24 mars 1885, mais sa famille venait de la grande capitale, Alger. Elle portait aussi le nom de Stora, car on se mariait beaucoup entre cousins germains pour conserver le nom, le rang, la fortune. Cette famille Stora d'Alger avait une histoire très différente. Israël Stora a été le président du Consistoire israélite d'Algérie au XIXe siècle. C'était un notable, et il parlait le judéo-espagnol. Mais cette pratique de la langue s'est peut-être établie au contact des arrivants d'Espagne au XVIe siècle, chassés par l'Inquisition. Une partie des Stora d'Alger a émigré vers la France en 1860. Ils sont devenus antiquaires, des marchands de tableaux. C'est le cas de Nathan Stora qui a épousé une Valensi. Une *Madame Stora, en robe algérienne* sera peinte par Auguste Renoir en 1870. Le tableau, devenu célèbre, est actuellement exposé au musée de San Francisco[1]. Selon Claire Delery, collaboratrice scientifique au département des Arts islamiques du Louvre, « Nathan Stora et Clémentine Valensi ont eu (au moins) deux

1. Sur l'histoire de ce tableau et des Stora en France en 1870, Roger Benjamin, *Renoir and Algeria*, Yale University Press, 2002, pages 25 à 30. Une grande partie de la famille Stora de France sera déportée en 1942. 14 noms « Stora » figurent au Mémorial de la Shoah à Paris et à Yad Vashem en Israël. Leur collection d'art sera dispersée. Sur la déportation des Stora : Charlotte Delbo, *Le Convoi du 24 janvier*, Paris, Les Éditions de Minuit, 1965 (réédition 1998), p. 273.

fils, dont l'un, le marchand d'art Maurice Stora, nous est bien connu au Louvre puisqu'il a été lié à la vente de plusieurs pièces d'art islamique importantes, dont plusieurs jarres. D'eux d'entre elles lui ont appartenu ainsi qu'à son beau-père Raoul Heilbronner, également un grand marchand d'art[1]. » Dans le développement de mes études sur le nationalisme algérien, une autre surprise m'attendait. J'ai appris qu'Yves Dechezelles, l'avocat le plus proche de Messali Hadj, auquel j'ai consacré une biographie, était marié avec une Myriam Stora d'Alger, amie d'Albert Camus qui avait avec lui fait des études de philosophie dans les années 1930. La mère de Myriam était née Félicitée Berthe Stora, avec un frère prénommé Albert et une sœur prénommée Emma[2].

Ma mère était « une fille Zaoui ». Son premier prénom français était Marthe ; et Bellara son second prénom, qui signifie « cristal de roche ». Ma sœur Annie dira avec raison qu'« avec ses magnifiques yeux verts transparents, elle le portait bien ». L'origine du nom de Zaoui semble plus évidente. Il vient sans doute de l'arabe *zawyat*, « coin », le mot par extension désignera ensuite un emplacement, ou un local réservé à l'intérieur d'une structure plus vaste où les mystiques musulmans (soufis) pouvaient se « retirer » pour méditer. Et l'on trouve le nom de Zaoui aussi bien chez les juifs que chez les musulmans. Ma famille Zaoui, lorsque l'on remonte sa généalogie, a toujours vécu dans l'est de l'Algérie (avec des naissances à Ain Beïda, Fedj M'Zala, Constantine). Ma grand-mère, Rina, née le 3 juillet 1888 (qui elle aussi avait de magnifiques

1. Correspondance de Benjamin Stora avec Claire Delery, 24 juin 2009.

2. Témoignage de Jean-Jacques Dechezelles. Myriam Dechezelles, née Stora, est décédée en août 2014, à Paris, à l'âge de cent ans.

yeux verts), était une fille Zerbib, une des plus importantes familles de Constantine, mariée à Benjamin Zaoui, né le 16 juillet 1886.

À l'exception de cette grand-mère Rina Zaoui, toute ma famille était vêtue à l'européenne. Mais les branches maternelle et paternelle n'étaient donc pas de même origine sociale. Les Zaoui, établis place des Galettes, étaient les grands orfèvres de Constantine. C'étaient des artistes réputés, ils fabriquaient des bijoux « indigènes », berbères, qui plaisaient aux musulmans et aux juifs. Je voyais le frère de mon grand-père, décédé en 1936, tonton « Mimo » (en fait Raymond), qui travaillait avec précision les bijoux en or et en argent. J'ai retrouvé récemment au Maroc, dans un atelier d'orfèvrerie, cette odeur du métal en fusion si particulière des bijoux qui sortaient du four. Et tout un effluve de mon enfance est revenu. Chez les Zaoui, il y avait aussi les lettrés, comme Charles Zaoui, interprète d'arabe dans l'armée, et officier de la Légion d'honneur ; et des musiciens, comme ma tante Ida qui jouait merveilleusement au piano de la musique arabe (dans les deux familles d'ailleurs trônait au centre de la demeure un piano à queue).

Les Stora formaient, quant à eux, ce que l'on nomme une « grande famille ». Mon grand-père paternel, Benjamin, que je n'ai pas connu puisqu'il est décédé en 1945, avait la réputation d'être un homme autoritaire. Il avait instauré la tradition des repas familiaux où tous ses enfants, et sa femme Julie, devaient se taire pour écouter sa parole. Revenu de la guerre de 14-18 amputé d'un bras, son caractère s'était fortement assombri. Mon père a dressé de lui un tableau très dur, le décrivant comme un homme irascible, incapable d'humour, menaçant de déshériter sa progéniture qu'il ne jugeait pas capable de diriger ses affaires.

Cette branche de la famille Stora des Aurès était riche. Mon grand-père avait fait fortune en se lançant dans la construction d'une centrale électrique au début du XXe siècle, et il se déplaçait avec un chauffeur dans une puissante berline Citroën. La famille possédait également une minoterie. Chaque été, tous ses enfants l'accompagnaient à la gare de Constantine pour lui souhaiter de bonnes vacances à Vichy, lieu de cures thermales très appréciées des riches Européens. Et puis la crise de 1929 a fini par arriver en Algérie, et il a fallu réduire le train de vie, restreindre les voyages en France.

Mon père Élie, lycéen à Constantine, lettré en arabe, puis étudiant en droit à Alger, était toujours célibataire lorsque la guerre de 1939 a éclaté. Bel homme et brillant causeur, il n'avait pas encore quitté le domicile familial et n'avait pas le souci de gagner sa vie. Pour mon grand-père, il était temps qu'il se marie. Il épousera ma mère après la guerre en 1945, à l'âge de trente-six ans (et il sera âgé de quarante et un ans à ma naissance).

Je n'ai pas connu mon grand-père maternel Zaoui, qui est mort en 1936, en plein Front populaire, à la suite d'une erreur du pharmacien qui s'était trompé dans la délivrance d'un médicament pour lui. Ses filles sont restées toute leur vie inconsolables de cette mort brutale d'un père à peine âgé de cinquante ans. C'est ma mère Marthe, jolie, solide et vive, qui reprendra la bijouterie familiale, âgée d'à peine dix-huit ans, en travaillant durement du matin au soir. Avec ses cheveux intensément noirs et ses yeux verts, elle avait l'air d'une belle Andalouse, bien que sa famille fût d'une origine bien différente. Car c'étaient des Berbères complètement arabisés depuis des siècles, porteurs d'une vieille civilisation citadine (à moins que les Zaoui n'aient dans les veines du sang italien, ce que je n'ai jamais réussi à prouver). Pour les Stora, au nom prestigieux – mais en relatif déclassement social à la suite de la crise de 29 et des confiscations de biens entreprises par Vichy –, Marthe Zaoui apparaissait comme un parti intéressant, capable d'assurer à son mari une vie agréable, inscrite dans une longue tradition religieuse constantinoise.

La famille Stora fut ensuite fortement touchée par les « troubles » de la guerre d'Algérie. Un des responsables de région de l'ALN de la région de Khenchela (Abderrezak Bouhara) m'expliquera dans les années 2000 qu'il avait, avec ses hommes, détruit en 1956 les camions appartenant à mon grand-père. Il me parlera de ce geste de guerre quarante ans plus tard, ce qui n'empêchera pas le frère de mon père, Élie Stora (qui portait le même prénom que mon père... il est donc quelquefois difficile de se retrouver dans la généalogie familiale...) (dit « Kaouit »), de rester ami avec le leader algérien Ferhat Abbas, qu'il accueillera en tant que maire adjoint dans la ville de Khenchela en juillet 1962[1].

Une partie des Stora a quitté Khenchela pour Constantine après la Première Guerre mondiale. Charles Stora, mon oncle paternel, était un marchand de vin bien plus connu dans la ville que mon père. Je le voyais toujours très affairé autour de son camion de livraison qui sillonnait la ville avec son écriteau « Stora. Marchand de vins et spiritueux ». Et aussi très énervé

1. Ferhat Abbas évoquera son amitié avec Élie Stora dans son livre *Autopsie d'une guerre*, Paris, Garnier, 1980. Il a également dédicacé, avec affection, ce livre à un autre de mes oncles, Isidore Halimi, qui fut adjoint au maire de Constantine, et ami du docteur Bendjelloun, autre figure musulmane de la ville de Constantine.

par les enfants qui voulaient monter dans son camion pour y jouer. Sa femme Raymonde, silencieuse et discrète, s'occupait du foyer comme toutes mes autres tantes qui ne travaillaient pas. Ces « femmes au foyer » avaient la haute main sur les affaires domestiques. Elles étaient dominatrices dans l'espace privé, intérieur. Mais trop peu présentes dans l'espace public aux yeux de ma sœur Annie, de cinq ans mon aînée, qui a été pour moi une protectrice et une médiatrice précieuse avec le monde des adultes. Elle refusait d'obéir aveuglément aux ordres de ma mère pour le ménage, les courses ou la vaisselle. Je voyais bien, sans trop comprendre pourquoi elle refusait le modèle qui s'offrait à elle, celui des femmes soumises à leur époux, obligées de suivre la tradition. Mes tantes, par exemple, aux questions que l'on pouvait se poser sur telle ou telle pratique religieuse ou alimentaire, répondaient invariablement : « C'est l'Hrada ! » (« C'est la tradition ! ») Bien plus tard, j'ai compris à quel point ma sœur, par son comportement, m'avait ouvert la voie, et favorisé mon indépendance d'esprit. J'ai su aussi son courage pendant la tragédie de la guerre, lorsqu'elle a vu sa meilleure amie tomber et mourir à ses côtés des éclats d'une grenade. Elle a raconté cet épisode tragique dans une communication lors d'une table ronde au musée d'Art et d'Histoire du judaïsme en octobre 2012. Dans les deux dernières années de la guerre, en 1961-1962, nous sortions très peu dans les rues, et j'ai vécu avec Annie à l'intérieur des appartements de nos familles. Elle m'a aidé à surmonter mes angoisses, je parlais beaucoup avec elle, surtout avant de m'endormir.

Notre père, né en 1909, a longtemps mené la vie d'un jeune homme de bonne famille, faisant des études supérieures à Alger, et allant par deux fois à

Paris dans les années 1930. Il avait obtenu une capacité en droit, mais n'avait pas travaillé tout de suite, préférant s'investir dans les combats politiques et littéraires de cette époque de l'entre-deux-guerres. Son profil était celui d'un intellectuel antifasciste et laïc, proche des surréalistes, à l'instar du peintre Jean-Michel Atlan dont il était l'ami au lycée d'Aumale, le grand lycée de Constantine. Quelques jours avant sa mort, le 1er juillet 1985, il me fit, enfin, quelques confidences sur sa jeunesse. Il me révéla qu'il avait été militant trotskiste à Constantine, « recruté » par son ami Atlan. J'en fus surpris, ébahi même. J'ai cru qu'il cherchait par ses confidences tardives à se rapprocher de moi, en s'associant à mes engagements révolutionnaires des années 1970 dans les organisations trotskistes. Mais quelques années plus tard, au hasard de flâneries littéraires et de recherches universitaires, j'ai découvert des textes troublants qui confirmaient ses propos. L'éditeur Maurice Nadeau, militant trotskiste dans l'entre-deux-guerres, écrivait ainsi dans un hommage paru dans la revue *Cimaise* en 1960, après le décès d'Atlan :

« J'ai connu Atlan à une époque où nous préparions tous les deux – et avec quelques autres – un avenir meilleur à l'humanité. Nous n'étions bien vus de personne, pas même toujours de ceux dont nous étions les "représentants éclairés". Atlan, très sérieux au fond, et dévoué, et toujours sur la brèche, commentait nos déceptions avec le sourire. Rien ne lui faisait peur, ou si peu, et si à Belfort, il ne réussissait pas à enflammer les foules, *à Constantine il parvenait à grouper plus de militants que nous n'en avions à Paris.* » Kenneth White, dans la biographie qu'il consacre au peintre, publiée en 1996, écrit de son côté : « C'est Trotski qu'Atlan rejoint lorsqu'il débarque à Paris dans les années 1930. Sympathisant, non seulement il fait de la propagande et participe à des manifestations qui se terminent souvent en bagarres, non seulement il fait signer des pétitions (un jour, il sollicite Signac, son seul rapport à la peinture dans ces années-là), mais à un moment donné il se retrouve garde du corps du “Vieux”, revolver en poche dans le Paris-Royan. C’est seulement quand il descend à une gare afin d’aller chercher des vivres au buffet, jugeant que Trotski parle trop de Staline, qu’il se demande : “Au fond pourquoi ?”, et, d’après la légende, s’en va dans les rues à la recherche d’une vague synagogue[1]… »

Après cette période militante, mon père est parti à la guerre, et a échappé de peu à la capture de son unité par les Allemands en 1940. Il nous racontait souvent, à ma sœur et moi à Constantine, comment il avait été sauvé par des tirailleurs sénégalais qui s’étaient relayés pour le porter alors qu’il n’arrivait plus à marcher, de Sisteron à Marseille. Il avait gardé de ce moment traumatisant une leçon essentielle qu’il n’a cessé de marteler : la reconnaissance que nous devions avoir pour les hommes noirs venant des autres colonies, et qui l’avaient sauvé. Démobilisé définitivement en 1945, il était finalement devenu marchand de semoule en gros, à la suite des revers familiaux. C’était sans nul doute un déclassement pour cet homme cultivé qui avait caressé d’autres ambitions. Il avait passé le bac en arabe littéraire sous la conduite du professeur Lentin à Constantine, mais s’exprimait peu dans cette langue. Il me répétait souvent que l’arabe est une langue magnifique, poétique, mais extrêmement difficile à apprendre, qu’il valait mieux l’éviter dans

1. Kenneth White, *Atlan, une Atlantide picturale*, Paris, Gallimard, 1996, p. 50.

mon parcours scolaire (il avait échoué au bac, en langue arabe littéraire). Ce qui n'était pas le cas de ma mère, qui parlait de manière régulière en arabe dialectal, l'arabe de tous les jours, comme ma grand-mère. Titulaire du brevet, elle parlait, et écrivait aussi, un français parfait. La pratique de l'hébreu se faisait essentiellement dans un cadre religieux, à l'Alliance ou à la synagogue.

Après la mort de mon père, en 1985, j'ai réalisé l'importance du brassage culturel : de l'arabe et de l'Orient de ma mère, du français de mon francophile de père qui m'avait fait accéder à la rationalité républicaine, de la lecture de l'hébreu. Autrement dit d'un mariage d'alliance, d'une mixité sociale et civilisationnelle. Et comme chacun de mes parents avait un certain niveau culturel, j'étais entré dans la vie avec un solide héritage intellectuel, métissé. Avec aussi des peurs au sortir de la prime enfance.

La peur, d'abord, de ne pas être à la hauteur en classe, de contrarier mes parents, de ne pas respecter la religion. C'est ma mère, comme toutes les mères, qui « portait » la tradition et m'obligeait – sinon gare aux fessées – à dire les prières, comme à faire mes devoirs et à apprendre mes leçons par cœur. Heureusement j'étais en tête de classe, cela faisait sa fierté et elle m'« exhibait » à toute la famille (ce qui me gênait prodigieusement). Ma vie était très réglée : après les trois premiers jours de la semaine à l'école publique, et avant le hammam du vendredi après-midi, j'allais le jeudi au Talmud Torah, à l'école de l'Alliance. Sauf quand ma mère, qui voulait d'abord que je réussisse à l'école française, m'en dispensait. Je lisais l'hébreu sans le comprendre. Je sais toujours le déchiffrer mais ne le comprends toujours pas. Les prières me sont revenues à la mort de mes parents. Chaque samedi matin je me rendais avec mon père à la synagogue « le Temple algérois » de Constantine où nous suivions non le rite séfarade classique, mais un rite plus français, avec « prière au président de la République française ». J'ai accompli ce rite de cinq à treize ans, et c'est en France, à la synagogue des Constantinois de Paris, « Les Tournelles », que j'ai passé ma Bar Mitsva en 1963 (on disait alors une « communion », privilégiant toujours l'usage de termes bien français).

La pratique religieuse et tous les rites des fêtes juives rythmaient notre vie : construire une cabane à Soukhot sur la terrasse de la maison où, avec ma sœur, nous finissions par nous endormir à la belle étoile[1] ; jouer aux dés pour la fête de Pourim, en hommage joyeux à Esther qui avait sauvé le peuple juif d'un massacre ; regarder danser dans la rue les rouleaux de la Torah, portés à bout de bras par les rabbins ; attendre à Kippour, sous le châle de mon père, la sonnerie du Chofar pour pouvoir enfin manger les gâteaux emportés dans nos poches. Toutes ces fêtes, et bien d'autres, marquaient les repères de notre identité à Constantine, la ville aux dizaines de synagogues dispersées dans les moindres recoins du quartier juif, du simple lieu de prières à la grande synagogue du Midrach. On ne disait d'ailleurs pas synagogue, mais « Temple », en référence au Temple détruit de Jérusalem, pour évoquer le lieu de prière. Les rabbins, tel Sidi Fredj H'limi, étaient des grandes figures, admirées. Sidi Fredj, né en 1876, peu de temps après la promulgation du décret Crémieux, était le père spirituel des juifs de sa ville où il avait exercé la fonction de rabbin pendant une soixantaine d'années. Je me souviens très

1. Pendant la fête de Soukhot, on célèbre dans la joie l'assistance divine reçue par les juifs lors de l'Exode.

bien de lui avec son grand chapeau noir, assis sur sa chaise rue José-Ksentine, quand j'allais lui embrasser la main. Nous l'appelions « Baba Laaziz », c'est-à-dire « père chéri » en français. Sa mort, le 25 septembre 1957, à la veille de Kippour, a été un événement pour la communauté juive de Constantine.

La pudeur s'ajoutant à la prudence, je n'ai jamais questionné mes parents sur les circonstances de leur rencontre, et l'état de leurs relations avant ou après ma naissance en 1950. Si bien que je ne sais plus exactement comment ma mère en vint un jour, après le décès de mon père, à me faire des confidences sur la vie de celui-ci. Il s'était marié très tard et avait eu auparavant des conquêtes féminines, à Constantine, à Alger pendant ses études à l'université et à Paris juste avant la « guerre de 39 ». Mes parents s'étaient unis religieusement en 1943, avant le départ de mon père à l'armée au Maroc, puis civilement en 1945. Mais cela ne l'avait pas empêché, pendant ces deux ans, à Casablanca de vivre avec une autre femme, ce que ma mère avait appris plus tard, je ne sais pas comment. Visiblement, leur mariage avait été arrangé par les deux familles. Les Zaoui voulaient une alliance avec la famille Stora qu'elle croyait encore riche et haut placée tant socialement que culturellement. Ils ignoraient, vraisemblablement, que cette branche originaire de l'Est algérien, dont la base sociale se situait à Khenchela, avait été ruinée pendant la crise des années 1930, la confiscation des biens de mon grand-père paternel par le régime de Vichy n'ayant pas arrangé les choses. De leur côté, les Stora considéraient les Zaoui comme une famille de statut culturel inférieur. Ce qui était la manifestation d'un mépris de classe, mais aussi une marque d'arrogance culturelle à l'égard d'une grande famille qui était restée fidèle à son origine arabo-andalouse, et maîtrisait encore mal la langue française dans les années 1930-1940. Une arrogance et une méconnaissance profonde de cette autre Algérie berbère et juive, profondément religieuse. J'ai moi-même partagé cette vision en considérant, par exemple, que l'absence de pratique de la langue française par ma grand-mère Rina était une expression d'infériorité culturelle. Mais, bien des années plus tard, en rédigeant mon livre *Les Trois Exils*, j'ai compris mon erreur. Une photo prise en 1914 de mes grands-parents Zaoui montre combien cette famille était porteuse d'une richesse culturelle ou sociale. Sur cette photo (aujourd'hui bien connue puisqu'elle a fait la couverture du magazine *L'Arche* consacré aux juifs d'Algérie, en 2012), mon grand-père Benjamin Zaoui, assis, porte le costume d'apparat traditionnel masculin des citadins, d'inspiration ottomane et arabo-andalouse. Ce costume se compose d'un gilet fermé (*bedaia*) ; d'une veste (*mentân*) aux garnitures brodées ; d'une culotte bouffante (*serouâl*) serrée à la taille par une large ceinture de soie. L'habit, conformément à la tradition, a été minutieusement coupé, brodé et cousu par des hommes de métier hautement qualifiés. Ses escarpins de cuir souple sont le complément indispensable de son costume. Ma grand-mère porte une coiffe richement décorée de broderies de soie et d'argent, des bijoux, nombreux et variés, un chemisier aux larges manches en dentelle. En regardant cette photo, je mesure à quel point ma famille maternelle, les Zaoui, appartenait à une classe sociale bien supérieure à celle de la majorité des habitants de Kar Charrah.

Dans ma petite enfance, je n'avais aucune perception de ces hiérarchies. C'est plus tard en France, et surtout au lycée où j'avais atterri par le hasard de la vie en octobre 1962, à Janson-de-Sailly, que je découvrirais le questionnement social sur le statut de mon père ou celui de ma mère. Nous vivions à Constantine dans un cocon, un entre-soi, sans savoir vraiment qui était pauvre ou riche. J'étais simplement le prolongement d'un groupe plus large, celui de la famille, et voilà. Pourtant, de grands écarts sociaux existaient dans mon quartier de Kar Charrah ! Je me rappelle les minuscules appartements où vivaient certains de mes cousins lointains ou mes camarades de classe, lorsque j'étais invité à jouer chez eux. Des familles qui s'entassaient à sept ou huit dans de minuscules logements. Alors que ma grand-mère maternelle, Rina Zerbib, possédait un immeuble, carrelé dans sa cage d'escalier à « hauteur d'homme » (comme se plaisait à le répéter ma mère) sur trois étages. Le mobilier dans les chambres de mes tantes (depuis la mort de mon grand-père en 1936, ses six filles habitaient chacune dans une chambre jusqu'à leur mariage) était de style « Art nouveau », des années 1920. Je me souviens des splendides commodes à tiroirs en acajou, des armoires avec poignées et sabots en bronze, des tables coiffeuses avec plateau miroir, et surtout des lampes en fer forgé… Avec mes cousins, alors que nous jouions sur la terrasse de cette vaste maison de style ottoman, nous avions découvert des bobines de films de Charlie Chaplin, et des centaines de disques, de 33 et 78 tours de musique classique *maalouf* ou française ; et des livres précieux rédigés en hébreu et en arabe (dont je ne comprenais aucunement la signification). Mais la puissance de l'assimilation culturelle française m'empêchait de voir toute cette richesse mêlée. Je devinais simplement que le mariage de mes parents était lui aussi une sorte de « mixte » culturel, par exemple pendant les fêtes de Pessah.

Dans toutes les familles, c'était le « nettoyage de printemps » (expression bien française là encore), et les appartements étaient lavés, astiqués du sol au plafond. Tout le monde traquait le moindre bout de pain, et les galettes de pain azyme s'entassaient dans les armoires en prévision de ces huit jours de célébration de la sortie d'Égypte. Chez les Zaoui ou les Stora, le grand plateau de cuivre recouvert d'un foulard, posé sur la table, contenait tous les éléments de nourriture symbolisant ce moment important. En particulier le « mortier » (le *Héi'lak*), mélange de noix, de dattes et d'amandes pilées macérant dans un bon vin, censé représenter le dur labeur des Hébreux, esclaves du Pharaon. Ce « mortier » était si bon que nous attendions avec impatience le moment où nous allions enfin le manger dans une feuille de laitue. Les deux familles, comme le veut la tradition, lisaient la Haggadah, avec cette question rituelle adressée au plus jeune (et c'était moi) : « Quelle différence y a-t-il ce soir avec les autres soirs ? », à laquelle je répondais invariablement : « Hier, nous étions des esclaves, mais aujourd'hui nous sommes des hommes libres ! » Et tout de suite après cette réponse, chantée en chœur par les autres membres de la famille, le lourd plateau de cuivre tenu fermement par les mains des femmes tournoyait au-dessus des têtes. Le seder (lecture de la Haggadah) pouvait durer une bonne partie de la nuit. Dans cette semaine-là, les deux premiers soirs, les plus importants, étaient consacrés à une lecture complète. Le premier soir, chez les Stora, nous mangions assis à table ; le deuxième, chez les Zaoui, la soirée de lecture se faisait assis par terre, sur des coussins entassés sur des tapis, avec les plats posés sur des tables basses. Je me souviens que certains des participants étaient vêtus

« à l'indigène », avec des caftans brodés. C'était à mes yeux une différence essentielle.

Les disputes de mes parents, venus d'univers différents, étaient rares, mais brusques et tempétueuses. Je n'ai jamais eu accès au versant noir de la réalité conjugale, et j'ai ainsi été protégé. N'entrant pas de plain-pied dans la vie des adultes, je comprenais à peine leurs oppositions ou leurs attitudes. Cela m'évitait des choix déchirants, la douleur des partis pris et les conflits de loyauté. Même si je comprenais de manière confuse que leur mésentente les privait d'une vie sociale commune. Car ils avaient chacun leur vie de leur côté. Mon père disait qu'il se rendait au cinéma certains après-midi (il appelait cela « se faire un film clandestin »), et ma mère se rendait au même moment auprès de ses sœurs pour faire le point de sa situation conjugale. « Posé » dans un coin de la pièce, j'entendais ses plaintes à l'égard de la famille Stora, et les remarques cinglantes de mes tantes sur mon père, « incapable » selon elles de faire vivre sa famille correctement. En écoutant toutes ces conversations, que je ne saisissais pas vraiment, j'acceptais cette place qui m'était attribuée, je m'y tenais, me comportant en petit acteur sage et content. Je crois que mes parents ont voulu préserver un foyer pour leurs enfants ; puis les vicissitudes de la guerre et la solitude de l'exil les ont rapprochés, une tendresse certaine s'est ensuite installée entre eux.

5

Une France si proche, si lointaine…

J'étais un enfant solitaire et silencieux. Autour de moi s'élevaient les cris des disputes de mes cousins, les clameurs venant des ruelles ou les chants des synagogues et des mosquées. La France, lointaine, m'apparaissait comme le monde du silence, de la verdure et de la fraîcheur. Je voyais l'Algérie en jaune et la France en vert pâturage… Dans les années de mon enfance, l'entité nationale définie aujourd'hui sous le nom d'Algérie n'avait pas d'existence à mes yeux. Je n'ai découvert le mot « Algérien » qu'en 1960, en voyant des manifestants dans les rues de Constantine qui agitaient des drapeaux vert et blanc en scandant « Algérie musulmane ». À ce moment, et je m'en souviens très bien, j'avais dix ans, un monde sortait de l'ombre.

Chez nous, à Constantine, les juifs se disaient Français juifs, comme d'autres pouvaient être Français musulmans. L'idée de définir l'Algérie comme française ne venait à l'esprit de personne. L'Algérie française était une évidence. Ce n'était plus vraiment le cas lorsque les « Européens » ont commencé à manifester aux cris de « l'Algérie française », d'abord à partir de mai 1958, puis après 1960, contre la politique du général de Gaulle, en agitant des drapeaux tricolores.

Je suis donc né en France, dans un département français d'Algérie, comme je croyais que d'autres étaient nés dans le Cantal. Apparemment, la seule chose qui nous séparait, c'était la mer. Nous n'avions pas le sentiment de faire partie des colonies, d'appartenir à l'empire colonial français, nous *étions* la France. Cette appartenance procurait une assurance formidable. La France était en nous, mais elle était aussi un idéal de perfection difficile à atteindre, et cette double nature de la France était source de contradictions infinies. Je dis nous parce que l'individu en Algérie tenait peu de place dans les trois communautés, juive, musulmane et européenne.

Enfant, la France c'était l'école et mon institutrice. Elle était blonde aux yeux bleus, pâle, distinguée. Elle venait de métropole et nous en étions tous amoureux. C'était une très belle jeune femme, et forcément mystérieuse. L'image même de l'aisance, de la sérénité. Mais aussi de l'étrangeté. Une image qui contrastait fortement avec celle plutôt agitée, bruyante et noiraude de nos familles. Les cris, les rires, la bousculade et les engueulades pour tout et n'importe quoi, c'était chez nous ; tandis qu'à « l'école française », à peine avait-on franchi le portail qu'on était saisi de ravissement devant tant de blondeur, d'élégance et... de silence dans la classe.

À Constantine, deux écoles cohabitaient : l'école française et l'école talmudique, l'Alliance[1], comme

1. Le 17 mai 1860 est fondée l'association Alliance Israélite Universelle (AIU). Son objectif est d'organiser le judaïsme sur une base universelle dans la lignée de la Déclaration des droits de l'homme et du citoyen de 1789. Les premiers organisateurs de l'Alliance n'entendent pas lier la spécificité

on disait. Tous les garçons juifs allaient aux deux. Une façon sans équivoque de marquer notre appartenance communautaire. Nous allions à l'Alliance le jeudi toute la journée et le dimanche matin. On y apprenait l'hébreu, les prières, l'histoire de la Bible et du judaïsme. Les rabbins enseignants étaient passablement « en retard », dans le registre de la pédagogie, par rapport à l'école française. Il fallait tout apprendre par cœur, d'autres méthodes d'enseignement ne pouvaient pas exister. Et en cas de manquement, l'élève avait droit aux punitions et aux châtiments corporels. On avait donc intérêt à apprendre nos leçons si on ne voulait pas recevoir une claque ou des coups de règle sur les mains et la plante des pieds (la terrible *tcharmela*). Comme la plupart des petits juifs de Constantine, j'ai commencé par les deux écoles en même temps. Il faut dire que pour les mères de famille débordées qui s'occupaient du ménage, de la cuisine, des courses, des enfants (elles en avaient quatre ou cinq), l'Alliance était une garderie idéale, une vraie bénédiction. Il n'était donc pas question de louper l'école talmudique du jeudi ou du dimanche matin, nos mères y veillaient.

Dans mes souvenirs, l'école de l'Alliance était installée dans une maison où les appartements avaient été transformés en salles de classe, avec des paliers, des couloirs et des recoins plus ou moins éclairés. On y était entassés à quarante ou cinquante par classe, assis sur des bancs en bois, dans une atmosphère confinée et bruyante. La semaine était coupée par ces deux jours consacrés à l'apprentissage de l'hébreu, et le

---

juive au respect des commandements religieux, mais aux principes de liberté et d'égalité. La langue française est enseignée, mais plus en Algérie dans les années 1950 (à la différence de pays comme le Maroc ou la Tunisie). À Constantine, on y enseigne l'hébreu et l'histoire juive.

reste du temps, nous changions de continent. Parce qu'à l'école française tout était différent : on baignait tout à coup dans une atmosphère de rationalité et d'ouverture à un monde autre, nouveau, non communautaire, même si la plupart des élèves avaient pour noms Taïeb, Nakache, Aouizerate, Samack, Sacksick, Allouch ou Attali (ce sont les noms juifs de ma classe de CM2 de Constantine qui me viennent immédiatement à l'esprit). L'élève pouvait dire ce qu'il voulait sans risque pour ses mains ou… la plante de ses pieds. Cette école devenait synonyme de permissivité. Le lycée d'Aumale de Constantine était l'un des plus grands d'Algérie. Il y avait une section qu'on appelait le Petit Lycée pour les classes des cours élémentaires. J'ai d'abord fait deux ans au lycée d'Aumale puis, pour des raisons que j'ai oubliées, je suis allé à l'école communale Diderot, avant de revenir au lycée, dans la section des grands. Le lycée d'Aumale m'apparaissait comme un bâtiment à l'architecture imposante, avec des salles de classe spacieuses et claires, une cour de récréation gigantesque. Rien de comparable avec l'école de l'Alliance étriquée et biscornue. Il n'y avait donc pas de doute possible pour moi : si l'Alliance était un espace familial où je retrouvais tous mes nombreux cousins, le lycée, c'était la France, le mélange ethnique et social. Et la France, c'était les maîtres, les profs, les instituteurs laïcs dont certains d'ailleurs venaient de la communauté juive et qui entretenaient la tradition laïque à laquelle ils étaient fortement attachés. Tous ces enseignants étaient très engagés, motivés. Ils transmettaient un savoir, les valeurs de la République, les idées des Lumières. Ils en étaient les piliers.

L'attrait pour la France se manifestait aussi par une série de prises de positions politiques « républicaines », et les juifs d'Algérie se retrouvaient en grand nombre dans les organisations comme le Parti radical ou la SFIO, la LICRA ou la Ligue des droits de l'homme. Cet attrait n'empêchait nullement un attachement très fort à la foi religieuse, aux coutumes, aux pratiques, en particulier culinaires, liées à cette foi. De nombreux juifs militaient donc à gauche, et l'on en trouvait même au Parti communiste, comme les frères Sportisse. William dit, en 2014 : « Je suis attaché à ma ville natale pour tout ce qu'elle m'a offert pour mieux connaître mon peuple. C'est là également que mes premiers pas de militant communiste ont été effectués. C'est là que j'ai connu des militants valeureux du courant patriotique. C'est là que j'ai tissé des liens d'amitié qui sont demeurés indestructibles avec de nombreuses personnes, même si nos options politiques et idéologiques étaient différentes. C'est là que j'ai appris à apprécier la beauté de la nature dans ce site merveilleux qu'est Constantine. C'est là enfin que j'ai pris goût à l'écoute de la musique andalouse et du maalouf constantinois[1]. » Lorsque la guerre d'Algérie a commencé en 1954-1955, les souvenirs liés à la période française de Vichy ne s'étaient pas effacés dans la communauté juive. Est-il besoin d'en expliquer les raisons ? La Seconde Guerre mondiale avait pris fin à peine dix ans auparavant. Avec l'abrogation du décret Crémieux, le 7 octobre 1940, les juifs n'étaient plus des citoyens français, même si en droit ils restaient de nationalité française. Ils se retrouvaient

1. Entretien avec Arezki Metref dans *Le Soir d'Algérie*, 11 mars 2014. Sur William Sportisse, son engagement, ses combats, son frère Lucien, le Parti communiste algérien, l'Algérie, voir le livre écrit avec l'historien Pierre-Jean Le Foll-Luciani : *Le Camp des oliviers. Parcours d'un communiste algérien*, Rennes, Presses universitaire de Rennes, 2012, et édité en Algérie en 2013 par la librairie El Ijtihad.

en situation d'indigénat, privés des droits du citoyen jusqu'en 1943[1]. L'abrogation de ce décret était une mesure réclamée par l'extrême droite française depuis son adoption en 1870. Cette campagne pour l'abrogation montera en puissance, notamment au moment de l'affaire Dreyfus à la fin du XIXe siècle, se développera après la Première Guerre mondiale, puis culminera au moment de l'arrivée au pouvoir du Front populaire en 1936, dirigé par Léon Blum.

Or, malgré ces attaques et ces humiliations, les juifs d'Algérie n'avaient cessé d'accorder, de 1870 à 1940, une grande confiance à la France, un pays pour lequel ils avaient « versé leur sang » lors de la Première Guerre mondiale. Le philosophe André Akoun témoigne : « On comprendra combien fut dure la secousse qu'imposa l'abrogation, en octobre 1940, du décret Crémieux qui avait fait de lui – il s'agit d'Akoun lui-même – et de ses pairs des citoyens français et qu'il découvrait au moment où celui-ci cessait d'être. Désormais, ils devenaient des "juifs indigènes algériens", soumis à la loi du *numerus clausus.* (Indigène, c'était, pour lui, la façon injurieuse, la façon ampoulée, de dire Arabe, comme on dit israélite pour montrer qu'on n'est pas antisémite, alors que juif !). Son père et ses oncles feignaient d'en rire et disaient "les Gaulois ne sont plus nos ancêtres". Lui, lorsqu'au troisième mois de sa classe de sixième, on lui annonça qu'il était interdit de lycée, son premier sentiment fut le soulagement. Il n'aurait donc pas à rendre la version latine sur les pyramides d'Égypte à laquelle il n'avait rien compris. Ni honte d'être exclu

1. Sur cette séquence d'histoire et l'abrogation de ce décret, je renvoie à mon ouvrage, *Les Trois Exils, Juifs d'Algérie*, Paris, Hachette, « Pluriels », 2009, Éditions Stock, 2006, et à Michel Ansky, *Les Juifs d'Algérie du décret Crémieux à la Libération*, Paris, Éditions du Centre, 1950.

ni sentiment d'injustice. Décidément la politique n'entrait pas comme telle dans sa vie[1]. »

Ce retrait, cette éjection hors de la citoyenneté française, fut un immense traumatisme pour la communauté juive qui avait mis toute sa foi et multiplié les marques d'amour pour la République. Par simple décret, la France pouvait retirer ce qu'elle avait donné... Plus rien par la suite ne sera comme avant. La leçon ne sera pas oubliée. La déchéance de leurs droits politiques leur était d'autant plus pénible qu'elle intervenait après soixante-dix ans d'exercice, et qu'elle évoquait les rigueurs du code pénal français à l'encontre de prisonniers de droit commun condamnés à la privation infamante de droits politiques. Pour eux, qui avaient digéré et sélectionné à leur profit certains aspects de la culture conquérante (laïcité et pratique religieuse dans la sphère privée, ouverture vers une conception universaliste des droits de l'homme, citoyenneté pleine promise par la République) et qui élaboraient la nouvelle culture d'un judaïsme oriental fortement laïcisé, il était impossible de concevoir un quelconque retour en arrière. Le plus simple à leurs yeux était donc de rétablir le décret Crémieux et d'abroger la législation de Vichy. Décision que Giraud, pas plus que de Gaulle lorsqu'il arrive au pouvoir en mai 1943, ne se résoudra à prendre immédiatement.

La sensation d'exil intérieur était surtout manifeste à propos de l'école. Se faire chasser de l'école de la République est resté de manière incontestable comme le traumatisme le plus puissant de cette période. « Je me demande, écrira Jacques Derrida dans *La Contre-Allée*, si je ne voyage pas tant parce que j'ai toujours été, comme de l'école, renvoyé. Je procède toujours

1. André Akoun, *Né à Oran*, Paris, Bouchène, 2004, p. 43.

quand j'écris par digression, selon des pas de côté[1]... » Ma mère me dira sans cesse comment ses sœurs plus jeunes avaient été obligées de quitter l'école, et resteront toujours, plus tard, dans la difficulté à s'exprimer en français. Et mon père évoquera le chagrin de mon grand-père dont les biens avaient été confisqués par un « arrêté du Gouverneur général de l'Algérie » : « En date du 22 mai 1942, le fonds de commerce dénommé "Cinéma Stora" sis à Khenchela et appartenant en tout ou partie à Benjamin Stora 42, rue de France à Constantine est pourvu à Louis Émile F. commerçant rue J. Bertagna à Khenchela. »

Enfant, mes parents ne me parlaient que rarement, pourtant, de la période de Vichy. Il y avait chez eux peut-être de la pudeur, une volonté d'oublier ce traumatisme, mais aussi le désir de ne pas dire du mal de la France, et de ne voir en elle que ses pages les plus glorieuses. Cette obstination ne manque pas de surprendre, car il semble qu'au lieu de l'affaiblir, l'épreuve a consolidé le lien avec la métropole coloniale. Comme si la période de Vichy marquait le terme d'un long processus d'apprentissage et que sonnait enfin l'heure de vérité, celle de l'appartenance à la nation française. Il y avait aussi cette conscience d'avoir échappé au grand massacre des juifs en Europe. La différence apparaît avec les autres séfarades, ceux de Salonique par exemple, qui avaient connu la déportation ; le fossé s'est creusé également avec ce monde ashkénaze lointain et peu familier, qui avait connu la Shoah. Une seule fois, j'ai surpris une conversation entre ma mère et une voisine de l'immeuble au sujet de l'extermination des juifs en Europe. Elles en parlaient

1. Jacques Derrida, *La Contre-Allée*, avec Catherine Malabou, Paris, La Quinzaine littéraire, 1999.

comme d'un épouvantable secret qu'il ne fallait pas divulguer. « Pour ne pas effrayer les enfants », disait la voisine, « parce que c'est trop grave, et que cela fait peur », disait ma mère. Il y avait là un terrible mystère, une énigme impossible à affronter. C'est en tout cas ainsi que je me souviens d'avoir perçu cette scène dans la cage d'escalier de mon immeuble de la rue Grand. J'avais dix ans. Avec la sensation de partager vraiment une confidence avec les adultes, un secret inavouable qu'il ne fallait ni élucider, ni transmettre.

Malgré l'épreuve de Vichy (privations de droits et de libertés, expulsions hors de l'enseignement public, perte des propriétés commerciales, des appartements, des terrains soumis, comme en métropole, au processus d'« aryanisation » des biens juifs, construction de camps pour les soldats français juifs[1]), la France a donc conservé son prestige, mais Pétain, lui, ne sera jamais « réhabilité ». Je me souviens de mon père, en 1962, expliquant pourquoi il ne rejoindrait jamais l'OAS. Ses principaux dirigeants étaient pour lui « ceux qui avaient soutenu Pétain, et avaient fait souffrir les juifs ». Ce nom de Pétain était la ligne rouge à ne jamais franchir. Et beaucoup de mes oncles, très jeunes en 1942-1943, s'étaient engagés aux côtés du général de Gaulle. La dureté du régime de Vichy explique le militantisme d'une majorité de jeunes juifs auprès de la France libre, et une certaine sympathie à l'égard du général de Gaulle, contrairement à la masse des « pieds-noirs » favorables au régime de Pétain. Une poignée de résistants, parmi lesquels émergeait la

1. Seize camps de travaux forcés à vocations diverses, souvent gardés par d'anciens légionnaires ouvertement pronazis, furent ouverts en Algérie, dont certains regroupaient les soldats juifs algériens de la classe 1939. À leur arrivée en Algérie en novembre 1942, les Anglo-Américains dénombrent 2 000 détenus dans ces camps.

figure de José Aboulker, avait préparé le débarquement du 8 novembre 1942 à Alger. La population juive de Constantine avait accueilli avec enthousiasme les troupes américaines. Une de mes tantes était tombée amoureuse d'un GI, mais ne l'avait pas suivi dans la lointaine Amérique. Le fait qu'il fût juif n'avait rien changé à l'affaire. Chaque famille ouvrait sa maison aux soldats anglais, aux officiers américains et suivait avec passion la progression des armées alliées sur des cartes épinglées aux murs des salles à manger. Cette « grande » histoire rejoint ma petite histoire familiale. Les Stora de Constantine avait accueilli un jeune soldat anglais du nom de Ruteau. C'est ce même soldat anglais, par reconnaissance, qui viendra au secours de mon père en 1962 au moment de notre départ, en lui offrant un petit logement à Paris. J'y reviendrai plus tard.

Un doute s'installera pourtant dans la communauté juive après la guerre, à cause de l'abrogation du décret, mais aussi de la lenteur mise à son rétablissement, à la fin du mois d'octobre 1943, presque une année après le débarquement anglo-américain de novembre 1942. Même si l'attachement, la passion pour la République des Lumières et l'émancipation révolutionnaire sont restés toujours aussi forts chez la plupart d'entre eux, le rapport des juifs d'Algérie à la France s'en est malgré tout trouvé modifié après 1945. Dans la jeunesse juive deux tendances se dessinèrent alors, encore très minoritaires mais actives. Tandis que certains s'ancraient dans le communisme et l'internationalisme politique en défiance du nationalisme français, d'autres rejoignaient les mouvements sionistes. Les uns regardaient vers « la patrie du socialisme », l'URSS, tandis que les autres n'avaient d'yeux que pour l'État d'Israël. L'apparition de ces deux courants témoigne du fait que les perspectives des juifs d'Algérie n'étaient plus exclusivement et inconditionnellement françaises, de même que leurs attaches, sans que soient pour autant rompus les liens puissants tissés avec cette métropole admirée et fantasmée, que peu des juifs d'Algérie connaissaient réellement.

Un groupe de militants avait décidé de se rendre en « Eretz Israël », pendant la guerre d'Algérie. Un ami de mon père avait fait ce choix à la fin des années 1950. C'était un militant se réclamant du sionisme pour qui aller en Israël était un acte politique et non pas religieux. Avec les kibboutzim, il s'agissait d'aller construire là-bas une société socialiste. Ces jeunes étaient alors bien peu nombreux, comme l'atteste ce rapport d'un émissaire du mouvement sioniste qui se rend à Constantine au début de la guerre d'Algérie : « À mon arrivée, je trouvai ici vingt membres, qui ne voyaient pas leur avenir dans le cadre du mouvement. Les raisons en étaient les suivantes : ces membres étaient des lycéens qui se voyaient comme de futurs avocats, médecins ou ingénieurs. Deuxièmement, lorsqu'ils n'étaient pas en train d'étudier, ils préféraient aller danser le jazz dans les cafés. Nous convînmes par exemple de rendez-vous pour répéter avant le soir de Hanouka, à l'heure convenant à tous. Mais ils préférèrent se rendre au café ou au cinéma. Je veux donc dire qu'il ne faut pas compter sur la jeunesse et qu'il faut faire venir dans le mouvement des jeunes travaillant déjà et qui se consacreront au mouvement[1]. »

C'est pourtant à Constantine, à la différence d'autres villes d'Algérie, que des représentants des

1. Cité par Haïm Saadoun, « Le sionisme en Algérie, une option marginale », in *Archives juives*, n° 45/2, 2012, p. 81.

mouvements sionistes ont été « impressionnés par le caractère de la communauté, et l'action de quatre mouvements de jeunesse juifs de courants différents », comme le rappelle l'historien Haïm Saadoun[1]. Dans les engagements politiques, et le rapport à la France, la question de la Shoah (le mot n'existait pas dans les années 1950) ne tenait pas alors un rôle décisif[2]. Je ne me souviens pas que ce moment tragique, celui de la destruction des juifs d'Europe, ait été évoqué devant moi. Une fois, une seule fois, comme je l'ai indiqué plus haut, une voisine murmura à voix basse que les juifs de France avaient connu un destin atroce. Ma mère lui demanda de se taire : « Pas devant le petit, c'est trop dur. »

La présence de la France se voyait aussi, évidemment, dans le spectacle de la rue, les modes vestimentaires. La vie juive de Constantine se concentrait précisément le long de la rue de… France. On entrait chez « Lazare » où, dans sa boutique, un long couloir étroit, s'entassait pêle-mêle tout ce qui pouvait vous vêtir. Une blouse d'écolier, un bleu de travail, des chaussettes côtoyaient des chemises luxueuses avec leurs cravates assorties. Au « Chat Botté », la gamme des articles proposés s'adressait à toutes les bourses. Lors des fêtes ou des rentrées scolaires, il y avait foule. Tout à côté, se trouvait la pâtisserie de M. Jost, un « chrétien » égaré parmi la population juive, dont les gâteaux avaient grande réputation. Lassées en effet de leurs pâtisseries maison, les familles juives aimaient à

1. Haïm Saadoun, *art. cit.* Les principales organisations de jeunesse israéliennes qui tentent une implantation en Algérie sont le Dror, l'Hachomer Hatzaïr, la Gordonia-Maccabi Hatzaïr, et les Bné-Akiva.

2. C'était également le cas dans les familles ashkénazes, comme l'a si bien montré Nicole Lapierre dans son livre *Le Silence de la mémoire*, Paris, Plon, 1989. Le sujet n'était guère présent dans l'espace public à ce moment.

diversifier les douceurs, avec le plaisir de goûter à la cuisine française. Ce lieu de tentation me rappelle un souvenir. Au moment des fêtes de la Pâque (Pessah), il est formellement interdit de manger du pain ou des gâteaux, sous peine d'une grave punition divine. Mais voilà que devant la vitrine de Jost, lors de cette fameuse semaine de la Pâque, j'ai vu des personnes manger des mille-feuilles et autres gâteaux avec gourmandise. Et il ne se passait rien ! Devant la pâtisserie de Jost, à l'âge de huit ou neuf ans, j'ai soudain pris conscience qu'il était possible de transgresser les lois religieuses, et que cela n'avait aucune conséquence. La terrible injonction « c'est H'ram ! » (mot arabe qui signifie « c'est interdit, c'est péché ! ») s'est affaiblie dans mon esprit. Pas tout à fait cependant. En d'autres occasions, par exemple à la mi-août, il était interdit de se baigner, pendant la fête de Ticha Beav (où se célèbre avec tristesse la chute du Temple de Jérusalem[1]). Nos parents nous disaient que la mer était à ce moment-là infestée de requins et de... couteaux. J'ai toujours éprouvé une certaine appréhension à me baigner un 15 août !

La France, la vraie, celle qui était de l'autre côté de la mer, nous ne la connaissions pas. Nous en avions toutefois une idée approximative grâce au cinéma. À Constantine, il y avait une quantité incroyable de salles de projection : le Vox, l'ABC, le Nunez, le Versailles, le Casino (qui n'existe plus), et sûrement d'autres encore que j'oublie. Et là, comme ailleurs en Algérie, tout le monde allait au cinéma. C'était un lieu de rassemblement où la France nous

1. Jérusalem, capitale de l'ancien royaume de Judée, a été mise à sac par l'armée romaine le 8 septembre 70, après un siège atroce de deux ans. Le Grand Temple, haut lieu de la religion juive, est complètement détruit, à l'exception d'une partie de l'esplanade et d'un pan du mur d'enceinte, le mur Ouest, futur mur des Lamentations.

apparaissait à l'écran, dans sa vie quotidienne. Mais aussi l'Amérique, qui exerçait une formidable attraction, avec ses films de guerre et ses westerns. Je ne me souviens pas d'une semaine sans cinéma, y compris pendant les premières années des « attentats ». Mes parents hésitaient d'autant moins à m'y emmener ou à m'y envoyer que nous habitions, je l'ai dit, juste en face du Vox. Le samedi après-midi, on projetait des films pour les enfants et les adolescents, dessins animés, films de guerre, d'aventures ; et le samedi soir, des films pour les grands dont la sortie à Constantine se faisait en même temps qu'à Paris. Mes parents répétaient souvent qu'il y avait moins de décalage entre Constantine et Paris qu'entre Montargis ou n'importe quelle ville de la province française et la capitale. Jean Gabin, Arletty, Michèle Morgan, Danielle Darrieux, Paul Meurisse, Eddie Constantine, Fernandel étaient naturellement les acteurs les plus connus. La télévision, plus tardive, n'a pas eu autant d'importance. Bien sûr, c'était nouveau, étonnant, mais l'impact sur nous était loin d'avoir la puissance de celui du grand écran qui nous projetait à l'intérieur même de la métropole.

La presse aussi nous parlait de la France. Enfant, très jeune, je me souviens d'avoir feuilleté les journaux. J'avais déjà cette attirance pour l'imprimé. Tous les jours, mon père lisait *La Dépêche de Constantine*, le grand journal d'information de l'Est algérien. J'allais le lui acheter et le feuilletais en chemin. Tout le monde à Constantine lisait *La Dépêche*. On se tenait ainsi au courant de ce qui se passait en Algérie, les attentats, les « événements », les manifestations sportives, le football surtout ; mais aussi de la vie métropolitaine, des romans, des manifestations culturelles ou politiques. Les maîtres d'école nous intimaient l'ordre de lire les classiques de la littérature française. Victor Hugo et *Les Misérables*, Alexandre Dumas et ses *Trois Mousquetaires*. Mais je lisais surtout, bien évidemment, les « illustrés », les bandes dessinées qui venaient de France, Kit Carson, le cow-boy doué d'un « sixième sens », les aventures de Battler Britton, un aviateur britannique de la RAF qui abattait dix avions ennemis en quelques minutes, Blek le Roc, qui résistait aux Anglais, les histoires de la famille Pim Pam Poum, ou Tartine, la vieille dame qui passait à travers les murs pour rentrer dans sa maison… Les bandes dessinées ne disaient jamais l'histoire de l'Afrique ou la conquête de l'Algérie. Il n'existait pas la moindre allusion aux Arabes, aux Africains, à la pauvreté ou à l'exploitation. La vie n'était qu'aventure, richesse et humour, blondeur, beauté et assurance. Autant de mythes européens auxquels nous ne pouvions qu'adhérer.

Finalement, c'est dans le rapport différent à l'arabité et l'islam que s'établissait le sentiment d'appartenance à la France. Cette *algérianité*, je l'ai découverte après coup, progressivement, dans la construction du vocabulaire politique qui émergeait dans les « événements », le terme donné jusqu'au bout à la guerre d'indépendance algérienne. Trois communautés, regroupées autour des trois grandes religions, vivaient côte à côte sous l'égide de la France qui tentait de faire le lien.

Pourtant, cette France, nous la récusions aussi. On disait par exemple : « On n'est pas des Français », ou, sans arrêt, « Ce sont les Français qui vivent comme ça ». Ou encore : « Ah ! voilà bien les Français, ils ne disent jamais la vérité, jamais les choses en face. » Car l'hypocrisie, pour nous, c'était de vivre en séparant l'espace public et l'espace privé. Nous étions français mais, à l'évidence, nous n'étions pas vraiment des Français. Mes parents évoquaient souvent le traumatisme de la période de Vichy, l'abrogation du décret Crémieux et la perte brutale de la nationalité française. « La France peut vite reprendre d'une main ce qu'elle donne de l'autre », cette expression je l'ai souvent entendue, surtout à la fin de la guerre d'Algérie. Les juifs de Constantine avaient des idées très arrêtées sur ce qu'étaient les Français. Je ne sais d'ailleurs pas d'où cela venait, car la plupart des membres de ma famille, ou de ceux que je côtoyais, ne s'étaient jamais rendus dans l'Hexagone. Ce savoir provenait sans doute d'une observation attentive des agissements et comportements de la communauté européenne locale.

Pour moi, cela n'avait rien d'évident car, à l'école, dans ma classe, sur trente écoliers, on comptait une vingtaine de juifs, huit musulmans et… deux Français, qui étaient d'ailleurs souvent les enfants des instituteurs. Nous connaissions donc le monde européen par la culture, mais l'appréhension *physique* de la France ne pouvait se faire que dans l'observation méticuleuse et permanente de ceux qui résidaient de l'autre côté de cette frontière invisible, dans des quartiers séparés, des grands immeubles blancs, avec des baies vitrées et des balcons. Rien à voir avec le Challah, étriqué et populeux. Quand je me rendais avec mes parents dans le quartier européen, au-delà de la place de la Brèche, j'étais frappé par la modernité, la lumière, les magasins chic, et surtout les femmes élégantes, maquillées, à l'air très libre. Les Françaises suivaient scrupuleusement la mode, portaient des robes claires, des tailleurs, des chapeaux, des talons aiguilles. Les jeunes filles juives de ma famille rêvaient d'être comme elles, modernes, pleines d'assurance. Comparés à nous, petits commerçants, employés subalternes, enseignants, les Européens nous apparaissaient tous comme des Crésus. Ils semblaient riches. La société européenne était une société qu'on ne fréquentait pas. On la regardait, l'observait, l'imitait, mais on ne la connaissait pas vraiment. On les voyait, les croisait dans la rue, au cinéma, mais ils restaient étrangers. J'ai découvert pour la première fois un appartement français à Constantine lorsque j'y suis retourné trente ans plus tard et que j'ai été invité par une famille algérienne installée dans un immeuble de l'ancien quartier européen. Je n'imaginais pas avant qu'il puisse exister des lieux aussi luxueux.

La richesse des Européens nous paraissait enviable et inaccessible. Pour tenter d'y accéder, il fallait observer leur façon de se tenir, de s'attabler au café ou au restaurant, de consommer. On aimait ce qu'ils mangeaient, le baba au rhum, les religieuses, les meringues, les mille-feuilles, les éclairs au chocolat. Les merveilleuses douceurs orientales confectionnées à la maison, pour les fêtes juives en particulier, m'apparaissaient « ordinaires ». Pour les grandes occasions, on allait donc chez Jost, le pâtissier, acheter le gâteau d'anniversaire, un gâteau à la crème, qui n'avait rien à voir avec les gâteaux orientaux. On adorait aussi toute la cuisine européenne, les frites, les escalopes aux champignons et à la crème au restaurant (mais pas à la maison pour ne pas enfreindre la tradition religieuse, qui veut qu'on ne mêle pas la viande et les laitages), le poulet rôti, la blanquette de veau. La France, c'était... sa cuisine. Dans ma famille, dans celle de mon père notamment, il y avait cette volonté de cuisiner français, de servir des plats du terroir aux déjeuners de famille. Le dimanche midi, par exemple, on avait droit au sauté de veau aux petits légumes, aux bouchées à la reine. Mais le shabbat, on mangeait la *t'fina* traditionnelle, ou le couscous et les boulettes, après quoi nous étions tout juste bons (surtout les adultes) pour une sieste de deux heures. Les plats juifs accompagnaient les fêtes religieuses. À chaque fête correspondait un mets spécifique, c'était une scansion. Ma mère maîtrisait la cuisine juive de Constantine aussi bien que la cuisine française. Elle regardait les journaux et les magazines métropolitains, relevait les recettes qu'elle suivait à la lettre. Elle cuisinait la *t'fina* comme personne, mais savait aussi faire la dinde pour Noël. Sans me lancer dans le couplet de l'exceptionnelle cuisine de ma mère, je dois avouer que lorsque je suis arrivé à Paris, il m'était impossible d'avaler quoi que ce soit au resto U ou même au restaurant, tout me paraissait fade, immangeable.

En dehors des traditions culinaires et de la culture livresque ou cinématographique, la France, c'était aussi, et surtout, l'armée. Outre l'Administration où la plupart des postes importants étaient tenus par des Français, et les beaux quartiers de la ville où la population civile exhibait à loisir son mode de vie, la présence de l'armée était forte. Nous habitions assez près de la place du Bey, qui était la place du commandement militaire. Constantine était une des villes de garnison les plus importantes d'Algérie, car c'était dans la région de l'Est algérien que les affrontements avec l'ALN étaient parmi les plus durs. Le quartier général et la caserne se trouvaient dans le haut de la rue Damrémont. On entendait quotidiennement de la musique martiale. Nos journées étaient rythmées par la levée du drapeau, la relève de la garde, le clairon. Il y avait également les fêtes militaires, le 14 Juillet, le 11 Novembre, qui donnaient lieu à d'impressionnantes parades avec défilés de la Légion étrangère et des parachutistes. La France en Algérie existait par la démonstration constante et omniprésente de sa force militaire. Cette dernière s'est accrue à partir de 1957 avec l'arrivée du contingent, des jeunes métropolitains, quasiment des enfants, totalement perdus dans ce pays qui les surprenait par la beauté de ses paysages et celle de ses habitants aux mœurs si différentes des leurs. Ils ressemblaient à des touristes en uniforme kaki. On les voyait visiter la ville, s'arrêter pour photographier une maison, un porche, un artisan, créant probablement ainsi leur collection personnelle de « Scènes et Types d'Algérie ». À partir de 1957, on a donc vu cohabiter deux images du soldat français : d'abord celle, terrible, redoutée et redoutable, du para, en treillis de combat, Rambo de l'époque à la tête du ballet des hélicoptères. Notre appartement donnait sur les gorges du Rummel et l'hôpital militaire se trouvait de l'autre côté, en face de chez nous. Nous étions donc aux premières loges, on voyait arriver les hélicoptères qui amenaient les blessés. On savait si des accrochages avaient eu lieu et on en connaissait la gravité au nombre d'appareils qui participaient au bal des hélicos. Et parallèlement, il y avait l'image de ce type du contingent, jeune et démuni, posté rue Caraman, rue Thiers, rue Nationale. On s'étonnait que la France, normalement associée à une idée de puissance, puisse être incarnée dans cette fragilité égarée en pays inconnu.

La circulation en direction du monde européen se faisait difficilement. Pourtant la France apparaissait à nos yeux comme une grande puissance à travers l'armée, sa culture, ses images de cinéma. En regardant vivre les Français, nous étions comme le petit peuple de France assistant aux dîners du Roi et de la Reine.

6

Les grandes peurs de la guerre

Le 1er novembre 1954 éclata l'insurrection algérienne. J'avais alors quatre ans. Dans les conversations familiales, par la suite, jamais pourtant cette date ne sera évoquée comme moment inaugural, marquant. Plus tard, dans mes travaux de recherches, je verrai que les journaux, y compris celui de Constantine, avaient parlé de « cette flambée de terrorisme » sur l'ensemble du territoire algérien déclenchée par une organisation alors inconnue : le FLN (Front de libération nationale).

Les familles Zaoui et Stora, en ce mois de novembre 1954, n'avaient pas véritablement conscience des périls. Pour elles, la France était encore là pour longtemps, et il semblait impensable de quitter cette ville où elles étaient présentes depuis des siècles. Leur monde se voulait à l'abri de la crise qui couvait. Beaucoup continuaient de feindre l'indifférence face à l'actualité menaçante (des bruits de guerre arrivaient de la Tunisie avec le mouvement des *fellaghas*, toute proche de Constantine). Les plus jeunes s'adonnaient au football dans les clubs comme le MOC ou draguaient les filles rue de France. Il y avait de l'ennui et une forme de nonchalance aux terrasses, de la gorgée de café à la saveur amère jusqu'aux volutes de la fumée de la Bastos. Les membres des différentes communautés étaient ensemble, les uns à côté des autres, tout en étant séparés. La guerre d'Algérie va progressivement diviser toutes les communautés et aboutir au départ de la majorité des juifs et des Européens de la ville, au moment de l'indépendance, en 1962. Les Stora et les Zaoui, français depuis 1870, ne le savaient pas encore.

La vraie référence, le premier choc, ce fut le 20 août 1955. D'ailleurs, mes parents disaient toujours « le 20 août » pour signifier le début des temps difficiles. J'ai ouvert ce livre sur cette première séquence de la guerre d'Algérie arrivant brutalement dans ma tête d'enfant. Ce jour-là, les Algériens nationalistes étaient entrés dans la ville. Ils avaient été repoussés, pourchassés. Les militaires français s'étaient installés sur les abords de la corniche pour tirer sur ceux qui s'enfuyaient. C'était donc ma première image de guerre que cette entrée soudaine dans l'appartement de militaires français. J'avoue que ce fut une frayeur. Une vive inquiétude se répandit lorsque l'on découvrit que, parmi les victimes, figuraient des familles juives du Constantinois connues dans tout le département. Le souvenir vivace d'août 1934, celui du pogrom qui avait fait vingt-cinq morts dans la communauté juive de Constantine, se réveilla brusquement. Certains juifs de la ville parlèrent de s'armer.

Dans mes travaux de recherches, à travers la consultation des archives, je vois que la guerre qui commence est à la fois subie et assumée. Subie car les juifs ne choisissent pas l'engrenage de la guerre. En même temps, ils assument complètement leur appartenance au camp de la République française. Bien qu'autochtones, le décret Crémieux les sépare des indigènes musulmans. L'émancipation républicaine a induit une trajectoire sociale ascendante qui les a transformés. Ainsi détachés de leur communauté d'origine, leur pratique de la langue arabe tend à disparaître. Ils sont entrés en nombre dans la fonction publique. La plupart d'entre eux deviennent des citadins parfaitement intégrés à la masse de ceux que l'on appellera à la fin de la guerre des « pieds-noirs ».

Quand la guerre d'Algérie éclate en 1954, les juifs sont français depuis quatre générations, ce que mon père rappelait souvent dans les conversations avec ses amis. Il nous avait éduqués, ma sœur et moi, dans le refus absolu du racisme, le respect des autres, en particulier des musulmans. Je n'ai jamais entendu à la maison les mots racistes de « ratons » ou « troncs de figuiers » que l'on accolait aux Algériens musulmans dans l'espace public. Il nous rappelait sans cesse l'exemplarité de la Révolution française qui avait permis aux juifs d'accéder à la citoyenneté pleine. Mais l'abrogation du décret Crémieux sous Vichy l'avait rendu méfiant, et comme la plupart des autres juifs d'Algérie, il ne voyait pas de différence entre ceux qui l'avaient privé de la citoyenneté, dix ans plus tôt, et les partisans acharnés de l'Algérie française, anciens pétainistes. La même vigilance s'exprimait à l'encontre du FLN, qui pourtant tentait de s'adresser à la communauté juive, comme on le verra plus loin. Et il était vrai qu'à l'exception d'une minorité de militants communistes, les juifs d'Algérie préféraient ne pas prendre ouvertement position. Certes, ils restaient pour l'Algérie française, mais une Algérie réformée où tous, juifs, musulmans et chrétiens, seraient égaux en droit. Ce qui, en fait, était la position développée par Albert Camus, comme je l'apprendrai plus tard.

Dans la communauté juive de Constantine, des nouvelles de plus en plus alarmantes circulaient. Les informations publiées dans *La Dépêche de Constantine* inquiétaient. Durant les premiers mois de l'année 1956, les agressions se multipliaient, le samedi de préférence : en mai, contre le rabbin de Batna ; en juin, contre les cafés juifs de Constantine ou contre la synagogue d'Orléansville qui avait été incendiée. Les incidents les plus graves se produisirent le 12 mai à Constantine. Ce jour-là, une grenade fut lancée à l'intérieur d'un café fréquenté par les juifs, faisant deux blessés graves. Des groupes de jeunes juifs se sont armés et ont organisé des représailles. Rue des Cigognes, toute la clientèle d'un coiffeur musulman – cinq personnes – a été abattue. Le bilan de cette tuerie n'a pas été établi avec certitude, mais j'apprendrai après que certaines sources avaient avancé les chiffres de trente à soixante morts musulmans pour l'ensemble de cette journée tragique[1]. Les responsables de l'armée française envoyèrent des jeunes soldats juifs du quartier pour rétablir l'ordre. Je ne garde aucun souvenir de cet événement terrible, et il n'était jamais évoqué dans les conversations familiales, contrairement aux événements sanglants du 5 août 1934.

En dépit de ce dur affrontement, qui avait provoqué une séparation franche entre les deux communautés de la ville, la direction du FLN lança un appel « à la minorité juive d'Algérie » lors de son premier congrès

1. *El Moudjahid*, le journal du FLN, a avancé le chiffre de soixante et un morts dans son premier numéro. Voir la mise au point de l'historien Gilbert Meynier sur cette journée du 12 mai 1956 et la suivante sur le site « Études coloniales » du 14 mars 2007.

tenu dans la vallée de la Soummam en Kabylie, le 20 août 1956 : « Les Algériens d'origine juive n'ont pas encore surmonté leur trouble de conscience, ni choisi de quel côté se diriger. Espérons qu'ils suivront en grand nombre le chemin de ceux qui ont répondu à l'appel de la Patrie généreuse, donné leur amitié à la Révolution en revendiquant déjà avec fierté leur nationalité algérienne. En dépit du silence du grand rabbin d'Alger, contrastant avec l'attitude réconfortante de l'archevêque se dressant courageusement et publiquement contre le courant et condamnant l'injustice coloniale, l'immense majorité des Algériens s'est gardée de considérer la communauté juive comme passée définitivement dans le camp ennemi[1]. »

Mais les juifs de Constantine n'ont jamais pris connaissance de cet appel, pas plus que tous les autres membres de la communauté juive d'Algérie. Les médias de l'époque, dirigés en Algérie par des Européens favorables, de manière inconditionnelle, au maintien du *statu quo* à l'œuvre dans l'Algérie française, ne publiaient jamais de communiqués du FLN. Et ce mouvement algérien, à cette époque, n'avait pratiquement aucun moyen de se faire entendre dans la société non-musulmane. Ce texte, je ne le découvrirai que trente ans plus tard, lors de mes recherches universitaires. Les Constantinois avaient d'autres informations qui leur parvenaient, en particulier les agressions contre des rabbins, ou des synagogues. Ces agressions les bouleversaient chaque fois. En novembre 1956, une bombe placée dans la maison d'Isaac Aziza, rabbin de Nedromah, le tua, ainsi que plusieurs membres de sa famille. Coincée entre « l'antisémitisme français

1. Texte dans la brochure *Les Juifs d'Algérie dans le combat pour l'indépendance nationale*, éditée par la Fédération de France du FLN, décembre 1959, p. 3-4.

et la méfiance arabe », comme le note Albert Camus dès octobre 1955 dans *L'Express*, la communauté juive était de plus en plus désorientée.

Jacques Lazarus, lors des Assises du judaïsme algérien en 1956, résuma ce trouble : « Que pouvons-nous faire ? Être vigilants, ne jamais provoquer, mais tout tenter pour éviter de subir. » Ancien résistant né en Alsace, Lazarus était à Alger directeur d'*Information juive*, journal qui répercutait les prises de position du Comité juif algérien d'études sociales[1] (CJAES) dont il était le principal animateur. Lors de ces assises, il souligna les limites de cette action et estima qu'« ici comme ailleurs, il n'y a pas à mener de politique juive, même si être juif est un phénomène politique aussi bien que religieux ou social[2] ». Mais il demanda l'instauration des droits pour les musulmans. « La communauté était réellement libérale (au sens où on l'entendait alors), à égale distance des deux extrémismes. [...] Nous ne voulions pas redevenir des citoyens de seconde zone[3]. »

Dans cette conjoncture, estimant que le moment était venu pour « chaque Algérien d'origine israélite » de prendre parti dans la bataille, le FLN adressa

1. Faisaient partie du Comité juif algérien d'études sociales : président d'honneur : le professeur Henri Aboulker ; président : maître Ernest Dadon ; secrétaire général : Jacques Lazarus ; secrétaire : Mme Berda ; trésorier : Georges Loufrani ; membres : Mme Ghnassia, Arlette Cohen ; Marcel Attal, Pierre Attal, Aïzer Cherqui, Haïem Cherqui, Henri Chemouilli, Georges Emsalem, Jean Gozlan, Haïem Hayoun, William Levy, Robert Moaté, André Narboni, Saadia Oualid, Henri Serror, E. Yaffi, David Zaga, A. Zermati.

2. Deux autres textes essentiels de Jacques Lazarus – « Réalités algériennes », paru dans *Information juive* de février 1960, et surtout « Tels que nous sommes », paru dans *Information juive* de février 1961 – définiront davantage encore, mais sur la même orientation, la base morale sur laquelle s'appuyaient les responsables juifs.

3. Interview de Jacques Lazarus par Jean-Luc Allouche, « Algérie, le vent de l'histoire », *L'Arche*, n° 273, décembre 1979, p. 34, dans laquelle il résumait ainsi sa position : « Pendant la guerre d'Algérie, nous sommes Français et nous voulons rester Français. »

de nouveau en octobre 1956 une lettre publique au grand rabbin d'Alger. Il exigea que la communauté juive proclame son « appartenance à la nation algérienne », afin d'extirper « les germes de la haine entretenus par le colonialisme français ». Selon le FLN, « depuis la révolution du 1er novembre 1954, sujette à des fluctuations politiques diverses, la communauté israélite d'Algérie s'inquiète de son sort et de son avenir. Au dernier congrès mondial juif de Londres, les délégués algériens, contrairement à leurs coreligionnaires de Tunisie et du Maroc, se sont prononcés, à notre grand regret, pour la citoyenneté française[1]. Ce n'est qu'après les troubles colonialo-fascistes du 6 février au cours desquels sont réapparus les slogans antijuifs que la communauté israélite s'est orientée vers une attitude neutraliste[2]. » L'appel se terminait par une plaidoirie en faveur d'une nouvelle citoyenneté algérienne : « C'est parce que le FLN considère les israélites algériens comme les fils de notre patrie qu'il espère que les dirigeants de la communauté juive auront la sagesse de contribuer à l'édification d'une Algérie libre et véritablement fraternelle. Le FLN est convaincu que les responsables comprendront qu'il est de leur devoir et de l'intérêt bien compris de toute la communauté israélite de ne plus demeurer “au-dessus de la mêlée”, de condamner sans rémission le régime colonial français agonisant et de proclamer

1. Le fait est exact, mais les juifs d'Algérie dans leur immense majorité avaient peu de chose à voir avec le Congrès juif mondial, d'obédience américaine et mal informé au sujet des problèmes nord-africains. Il n'en demeure pas moins que, contre les positions américaines hostiles à la présence française en Algérie, Jacques Lazarus, représentant du judaïsme algérien, affirma que les juifs d'Algérie étaient français.

2. Il est vrai que le sort réservé à Alger à Guy Mollet le 6 février 1956 inquiéta la communauté juive, pour laquelle la France, la démocratie, le socialisme étaient bafoués en leurs représentants les plus importants.

leur option pour la nationalité algérienne. » Mais, encore une fois, cet appel n'était jamais parvenu à la communauté juive qui, en ce début de l'année 1957, manifestait la plus vive inquiétude alors que commençait la « bataille d'Alger ».

Dans son beau livre *Une diaspora méconnue, les juifs d'Algérie*, Henri Chemouilli se pose la question que tous les membres de ma famille n'ont jamais cessé de se poser pendant le conflit : « Indigènes, allions-nous rejoindre la grande tribu des Berbères ? Français, allions nous trahir la France[1] ? » À relire tous ces textes du FLN ou des responsables de la communauté juive dans le cours de mes études universitaires, j'ai compris qu'il s'était agi là d'un problème moral face auquel chacun s'était débrouillé comme il avait pu, avec ses croyances et sa conscience. Les représentants des intérêts spirituels et religieux du judaïsme n'avaient pas le pouvoir de décider de la conduite de leurs coreligionnaires. Les autorités religieuses laissaient chacun libre de sa pensée et de ses options. De leur côté, certains dirigeants du FLN voulaient sincèrement ce rapprochement avec la communauté juive ; mais d'autres pouvaient aussi agir en fonction d'une tactique politique : placer la France en contradiction avec sa minorité juive, et obliger cette dernière à choisir.

Se déclarant donc apolitique, le Comité juif algérien d'études sociales mit en avant des positions strictement individuelles et appela à un règlement pacifique du conflit entre la France et les Algériens. Mais derrière cet appel qui se voulait « neutre », se percevait nettement la recherche de l'égalité entre citoyens d'une

1. Henri Chemouilli, *Une diaspora méconnue, les juifs d'Algérie*, Paris, Paris Publications, 1976. Cet ouvrage est essentiel pour la compréhension de l'histoire des juifs d'Algérie.

même République… la République française[1]. Lorsque les nationalistes algériens lancèrent leurs appels, les représentants des juifs d'Algérie n'osaient formuler explicitement ce qu'en 1958 André Narboni condensera en une phrase lapidaire : « Vous nous demandez de trahir une patrie dont nous sommes citoyens, la France, pour une patrie qui n'existe pas encore. Nous entendons demeurer fidèles à la France, fidèles aux idéaux de la justice et de la démocratie. » La réponse était, en fait, une fin de non-recevoir et ne variera plus jusqu'à la fin du conflit.

Une autre image de la guerre qui me revient, ce sont les « rues barrées » par l'autorité militaire. Pour acheter le pain, faire ses courses, il fallait faire un grand détour. On ne pouvait pas aller d'une rue à l'autre. Je me rappelle les barbelés, les barrages, les chicanes qui ont fait irruption dans la cité en 1957-1958. La troisième image très forte est celle d'un attentat. Je revois souvent, comme dans un rêve, un cadavre brandi à bout de bras, la nuit, par des hommes. Je ne sais plus qui c'était, j'avais à peine sept ans, il faisait sombre. J'avais observé la scène du balcon de ma grand-mère. Le corps était posé sur un brancard de fortune. La vue d'un mort en direct faisait irruption dans ma tête. Telles sont quelques-unes des images les plus fortes que j'ai gardées de la guerre d'Algérie. Et d'autres : en 1957, à sept ans, j'ai vu un homme mourir dans la rue à côté de moi. En 1958, perché sur les épaules de mon père, j'ai aperçu le général de Gaulle à Constantine. À dix-douze ans, préadolescent, j'avais une conscience nette de la guerre, du danger que mon père courait en allant travailler, de l'angoisse de mes parents que j'écoutais

1. Sur cet aspect, voir l'article de David Cohen, « Le Comité algérien d'études sociales dans le débat idéologique pendant la guerre d'Algérie », in *Archives juives*, 1er semestre 1996.

derrière les cloisons. J'étais au courant des événements politiques les plus graves. Le temps m'a paru long.

La guerre était présente dans les conversations des adultes, bien sûr. Ils disaient tout devant nous, surtout ma mère qui manquait vraiment de « psychologie » sur ces questions. J'avais très peur. Enfant, je n'avais pas conscience que je pouvais mourir, en revanche je me rappelle combien j'étais effrayé par la mort possible de mon père. Quand il partait le matin pour le travail, il devait traverser la rue de France avant de remonter vers sa boutique, rue Richepanse. Il faisait trois cents mètres à peine. Néanmoins, je craignais qu'il lui arrive quelque chose, qu'il soit victime d'un attentat, qu'il perde la vie. Les récits effrayants de l'assassinat de mon oncle Echoura, dans sa boutique, n'étaient pas là pour me rassurer. Longtemps j'ai gardé cette peur en moi. Lorsque mon père est décédé bien plus tard, en juillet 1985, tous ces souvenirs sont revenus, ces images ont resurgi. Mon père m'a eu assez tard, à plus de quarante ans. Ce n'était plus un jeune homme, et je le sentais vulnérable. La peur n'était pas pour lui, elle était pour la famille très proche, et non pour la famille élargie. Cette dernière était grande, j'avais je ne sais combien de cousins germains, d'oncles et de tantes. Et je passais mes journées à jouer avec mes cousins du même âge, Julot, Gérard, Didier, Brigitte et Martine… Mais dans la guerre, la famille se resserre : comptaient avant tout mon père, ma mère et ma sœur, du moins dans mon regard d'enfant. Je dormais dans une minuscule chambre de notre petit appartement. Celle de mes parents était séparée de la mienne par une mince cloison du couloir. La nuit, je les entendais parler. Ils étaient inquiets, surtout vers la fin de la guerre. Ils se demandaient s'il fallait rester ou partir et comment faire dans ce cas (ils ne connaissaient pas bien la France, surtout ma mère). Ces conversations murmurées dans la nuit m'angoissaient. Les parents imaginent toujours que les enfants, une fois couchés, dorment. Nous ne dormions pas, nous écoutions, à l'affût de la moindre information. Il n'y a rien de plus terrible pour un gamin que de sentir l'incertitude et la souffrance de ses parents. Le gouffre incertain qui s'ouvrait devant eux, avec les peurs nocturnes venant s'agréger aux attentats, générait un climat d'angoisse. Un conglomérat de faits et d'émotions me submergeait.

Parmi les autres inquiétudes, il y avait le fait que les « événements » d'Algérie avaient été progressivement interprétés, dans la communauté juive, comme la possibilité d'une marque de solidarité arabe avec les nationalistes algériens. Peu à peu, ce qui devenait une guerre se faisait entre deux blocs clairement définis : d'un côté, la métropole française et ses alliés européens, qui avaient soutenu la création de l'État d'Israël ; de l'autre, le FLN, encouragé par un monde arabe secoué par la révolution qui avait commencé en Égypte avec Gamal Abdel Nasser, chantre du panarabisme. De tout cela, mes parents parlaient-ils ? Certainement. Je ne comprenais pas tout. Mais des lambeaux de phrases, des bribes d'inquiétantes nouvelles nous parvenaient, par la presse, ou par les actualités du cinéma (la télévision n'existait pas encore, je me souviens d'avoir vu un écran de télévision pour la première fois chez mon oncle Robert Zaoui, en 1961).

Très vite, dès la conférence des non-alignés rassemblés à Bandung en avril 1955, le monde arabe décidait de faire front derrière la cause algérienne. En novembre 1956, avec l'intervention des forces militaires françaises, britanniques et israéliennes contre la nationalisation du canal de Suez, le rapprochement entre cause arabe et lutte algérienne devint évident pour la grande majorité des juifs d'Algérie – surtout au moment où Paris voulait en finir avec Nasser, perçu comme le soutien principal aux « rebelles algériens ».

J'ai appris bien plus tard qu'à plusieurs reprises, dès septembre 1955, les pays arabes avaient demandé l'inscription de l'Algérie à l'ordre du jour des sessions de l'ONU. Après Suez, l'arme de la rétorsion pétrolière était évoquée à diverses occasions, en particulier par l'Arabie Saoudite et l'Irak. À partir de 1956, dans le cadre de la Ligue arabe, de l'ONU ou de différentes conférences internationales, l'Égypte plaidait la cause algérienne en menaçant fréquemment de rompre ses relations diplomatiques avec la France. Ce fut par exemple le cas au moment de la « bataille d'Alger » en 1957, ou lors des difficiles négociations à Évian où la Ligue arabe était unanime à soutenir « l'algérianité du Sahara ». À la lecture des journaux ou à l'écoute de la radio, nous savions que les pays arabes organisaient régulièrement des journées ou des semaines de solidarité avec le peuple algérien. Les diverses et actives expressions de la solidarité arabe étaient portées à la connaissance de la communauté juive par la presse française, aggravant le sentiment de défiance à l'égard du FLN et provoquant un basculement vers les thèses radicales du maintien de l'Algérie française.

Pourtant, jusqu'en 1961, la majorité des juifs ne voulait pas partir. Je me souviens du départ d'une seule famille de mon immeuble vers la France, en 1958. Il se murmurait que les nationalistes algériens ne partageaient pas tous la même approche, au sujet du panarabisme ou des rapports avec Israël. Les espoirs s'étaient portés sur la personnalité de Ferhat Abbas, qui comptait beaucoup d'amis parmi les juifs de l'Est algérien. Ses déclarations étaient lues attentivement, et commentées. C'est ainsi que Ferhat Abbas, qui deviendra en septembre 1958 le premier président du Gouvernement provisoire de la République algérienne (GPRA) expliquait, dans un entretien en septembre 1957 : « Israël peut fort bien entretenir des relations amicales avec la France et nous apporter son appui moral et son aide dans le prochain débat de l'Assemblée générale des Nations unies. Il n'y a pas là de contradiction. Le jour où notre indépendance sera un fait accompli, nous n'adopterons aucune législation spéciale pour les minorités, quelle qu'ait été l'attitude d'Israël sur la question algérienne. Nous nous estimons tous égaux devant la loi. Les juifs ont les mêmes droits, les mêmes avantages et les mêmes devoirs. Ils auront notamment le droit d'émigrer, même en Israël s'ils le veulent. L'Algérie fait partie intégrante du monde arabe, mais cependant elle fait partie du continent européen. Qui mieux qu'Israël et l'Algérie peut rapprocher ces deux mondes si différents ? Outre notre origine sémitique commune, nous avons bien d'autres points communs. Israël ne doit pas manquer cette occasion : il faut qu'il nous soutienne dans notre combat[1]. »

Cependant, les déclarations apaisantes ne suffisaient pas. La communauté vivait de plus en plus dans la hantise des attentats et des agressions, qui étaient rapportés de manière régulière par la presse. En janvier 1957, de nouveaux actes de violence contre les juifs de Nedromah faisaient sept morts, dont trois enfants ; en mars, le grand rabbin de Médéa était tué près de la synagogue ; en mai, en pleine « bataille d'Alger », un attentat au Casino de la Corniche, lieu de rendez-vous de la jeunesse juive algéroise, fit plusieurs dizaines de victimes ; en août, à Alger, un homme âgé de soixante-cinq ans, David Chiche, fut arrosé d'essence par un groupe de

1. Texte in *Jacques Lazarus, itinéraire d'un Juif de France dans le siècle. De la métropole à l'Afrique du Nord*, Jacques Saadon (éd.), p. 101-102 (archives Jacques Lazarus).

jeunes musulmans ; à Bône, des personnalités juives recevaient des lettres de menaces. En mars 1958, une grenade offensive lancée dans la synagogue de Boghari fit un mort et onze blessés, l'attentat n'était pas revendiqué. Après les « événements » de 1958 et l'arrivée au pouvoir du général de Gaulle, les tensions semblèrent s'apaiser entre les deux communautés. Mais en 1959, à la veille de Kippour, une grenade explosa dans la synagogue de Bou Saada, tuant la petite-fille du rabbin et blessant plusieurs personnes. Après la « semaine des barricades » de janvier 1960, émergea un courant de partisans « ultras », bien résolus à garder l'Algérie dans le giron de la France. La communauté juive sentait que la situation était en train de basculer. D'autant que le général de Gaulle avait évoqué pour la première fois, dans son discours du 16 septembre 1959, la possibilité d'un scrutin d'autodétermination pour décider de l'avenir de l'Algérie. Cette fois, le signal du départ vint de ma propre famille. Mon oncle Sam, qui était un fervent partisan du général de Gaulle (il était un des rares de la famille à adopter ce point de vue si tranché), décida de partir avec sa femme Fortune et ses enfants, Michèle, Gérard et Martine, vers la ville de Bordeaux. Le départ de cet oncle, que j'aimais et admirais énormément, a été pour moi un choc. « Tonton Sam » avait compris et suivait la ligne tracée par de Gaulle : la voie ouverte par l'autodétermination signifiait la possibilité d'une indépendance, d'une séparation entre l'Algérie et la France. Il était d'accord avec de Gaulle. Il fallait s'en aller. La neutralité, même apparente, n'était plus de mise. Ceux qui refusaient de partir ont basculé ouvertement dans le maintien de l'Algérie liée fermement à la France au début de l'année 1960. Les promesses d'une Algérie fraternelle et égalitaire semblaient s'évanouir. La guerre avait durci tous les comportements.

7

La fin de guerre

Constantine a été le théâtre d'irruptions brutales de la guerre, comme le 20 août 1955, et d'attentats à la grenade dans des lieux publics. Ce dont je me souviens aussi, ce sont les plastiquages de l'OAS dans les années 1961-1962. Pratiquement toutes les nuits, j'étais réveillé en sursaut par le bruit assourdissant des bombes. L'OAS plastiquait les magasins, ou les cafés, qui appartenaient aux Algériens musulmans, comme on disait à l'époque. Vers la fin de l'année 1961, les « nuits bleues » se succédaient. Il n'y avait plus de carreaux à nos fenêtres. Mon père les avait changés trois ou quatre fois, avant de renoncer : il avait mis du plastique à la place des vitres.

J'ai été scolarisé au lycée d'Aumale au départ, car les cours dans cet établissement allaient du primaire à la terminale. J'ai fait la classe préparatoire, puis j'ai été mis à l'école Diderot. Il y avait là une particularité, la « composition ethnique » de la classe. Dans mon souvenir, la moitié était composée d'enfants juifs, et parmi eux il y avait le futur journaliste Paul Amar[1].

1. Voir son récit de vie à Constantine, *Blessures*, Paris, Tallandier, 2014.

Mais quand je suis arrivé au lycée d'Aumale en sixième, le choc fut grand : il n'y avait presque plus d'Algériens musulmans dans la classe. Je ne comprenais pas ce qui s'était passé. Cette disparition m'intriguait. Les manifestations au lycée d'Aumale étaient pro-« Algérie française ». Les élèves de terminale se regroupaient dans la cour, dans les années 1961-1962, criant « Algérie française », « de Gaulle au poteau », « vive Salan », etc. Le paradoxe voulait que ce lycée fût implanté au cœur du quartier juif, le quartier judéo-arabe, comme une enclave européenne. En tout cas, je le vivais ainsi.

De janvier à juin 1962, je n'allais pour ainsi dire plus au lycée. Je restais à la maison, comme tout le monde. Nous n'avions pas de poste de télévision, seulement la radio. Déjà, à la fin de ma scolarité dans le primaire, à l'école Diderot, la convivialité s'était effondrée entre les juifs et les musulmans. La défiance intercommunautaire s'était développée jusque dans l'école. Un fossé terrible s'était creusé, tout le monde se méfiait de tout le monde. Quand les gens se croisaient, la peur l'emportait. La gaieté dont je parlais avait disparu en 1961. Nous étions systématiquement fouillés dans les rues ou à l'entrée des cinémas. Enfant, j'avais intériorisé cette peur communautaire, d'autant qu'elle faisait référence à un événement lointain qui s'était imprimé dans l'imaginaire des juifs de Constantine, avec les récits sur les affrontements sanglants du 5 août 1934. Cette peur a été ravivée le 22 juin 1961, avec l'assassinat de Raymond Leyris, le musicien juif le plus célèbre d'Algérie. Dans la communauté juive de Constantine, c'était le choc.

Voici comment le principal quotidien, *La Dépêche de Constantine,* a rendu compte du meurtre le lendemain : « Un attentat a eu pour cadre la place Négrier. Il était 12 h 10 lorsqu'un coup de feu retentit, provoquant un certain désarroi parmi la population. La victime choisie par le tueur était cette fois une grande figure constantinoise, M. Raymond Leyris, quarante-neuf ans, chef d'orchestre, dirigeant un ensemble de musique orientale et domicilié 50, rue du Sergent-Atlan. Le malheureux avait été tué d'une balle de 9 mm, tirée dans la nuque. Le terroriste, son forfait accompli, prit la fuite en direction de la rue Chevallier. La mort de M. Leyris a causé une profonde émotion dans la ville et a principalement jeté la consternation dans les milieux musulmans et israélites, M. Raymond Leyris étant considéré comme un des grands maîtres de la musique orientale. »

Le grand chanteur de *maalouf* Raymond Leyris, dit « Cheikh Raymond », avait été assassiné au marché. Je m'en souviens bien, j'étais au marché ce jour-là avec ma mère. À l'époque, elle y allait tous les jours. J'avais dix ans, je ne me rendais plus à l'école à cause des « événements ». Ma mère, ne sachant que faire de moi, m'emmenait une fois sur deux. Quand les coups de feu ont retenti, je me trouvais sur le marché d'en haut, place Négrier. La foule s'est immédiatement dispersée puis est revenue. « Ils ont tué Raymond ! » C'était quelque chose d'énorme, de gigantesque ! La communauté juive de Constantine était choquée, bouleversée. L'enterrement se fait rapidement chez les juifs, comme chez les musulmans. Il y avait beaucoup de monde pour ses obsèques : enfants, femmes et hommes, tous étaient dans la rue. Je me souviens qu'il ne faisait pas très beau ce jour-là, ciel gris, soleil voilé. L'un de mes oncles, pendant la cérémonie, avait dit, en regardant le ciel : « Raymond a été tué. Même Dieu le pleure. » Cette phrase m'est restée en mémoire. J'ai suivi avec mon père ce long cortège, qui remontait vers le cimetière. Là-bas, les gens disaient : « On monte au cimetière. » Le cimetière juif de Constantine est en effet situé tout en haut de la ville. L'expression est restée : quand mon père est mort, ma mère a dit : « On monte au cimetière. » C'était à Paris, porte de la Villette. Mais je ne la contredisais pas. Le cimetière juif de Constantine était magnifique, il se trouvait à côté du « Monument aux morts » qui domine toute la cité. Une procession gigantesque a suivi la dépouille de Raymond qui a été enterré, si mes souvenirs sont bons, tout près de l'entrée du cimetière.

Dans la presse du lendemain, on pouvait lire : « C'est en présence d'une foule considérable que se sont déroulées, hier à 16 heures, les obsèques de M. Leyris Raymond, assassiné la veille par un terroriste alors qu'il effectuait une promenade place Négrier en compagnie de sa fille. Le temple Midrach de la rue Thiers était bien étroit pour contenir la nombreuse assistance venue rendre un dernier hommage au disparu, et nombreuses étaient les personnes qui stationnaient devant le temple, n'ayant pu pénétrer à l'intérieur. La cérémonie religieuse eut lieu dans la salle où avait été déposée la dépouille mortelle. Le Kaddich traditionnel fut prononcé par le Grand Rabbin Isaac Zerbib, ayant à ses côtés le président du Consistoire israélite, M. Paul Barkatz, ainsi que les membres des consistoires de Constantine et de Khenchela. À l'issue de cette cérémonie, des scènes déchirantes se produisirent, accentuant ainsi l'émotion que chacun ressentait en cette douloureuse circonstance. Puis le long convoi des parents et amis de M. Raymond Leyris s'achemina vers le cimetière, pour accompagner le défunt à son ultime demeure[1]. »

1. *La Dépêche de Constantine,* 23 et 24 juin 1961.

C'était le grand tournant, le moment où ce qui restait de la communauté juive de Constantine en 1961 a choisi de partir vers la France. La question n'était plus de savoir s'il fallait partir ou pas, mais : « Qu'est-ce qu'on va devenir là-bas ? » L'heure terrible du choix arrivait. L'assassinat du célèbre chanteur et musicien Raymond Leiris, dit « Cheikh Raymond[1] », au cœur du quartier juif de Constantine, fut ressenti très douloureusement. De janvier à juin 1962, la politique de « la terre brûlée » menée par l'OAS accentua encore le désarroi et la fuite. Ainsi allait prendre fin la présence séculaire des juifs en Algérie.

Au cours des « événements », comme on appelait alors la guerre d'Algérie, l'assurance indéfectible de la présence de la France en Algérie a amené les juifs à se réfugier dans le silence et l'attente de jours meilleurs devant les attentats dont ils étaient victimes. Sollicités des deux côtés, d'abord par le FLN puis par l'Organisation armée secrète (OAS), mal guéris des avanies de Pétain qui avait abrogé le décret Crémieux, anxieux de ne pas se dissocier de la France, ils ont vécu le conflit dans le trouble, parfois même dans la mauvaise conscience. Leur engagement dans un camp ou dans l'autre a été individuel, alors que l'ensemble de la communauté s'est abstenu de prendre position. Les différents textes publiés pendant le conflit font état des doutes, hésitations, impasses et contraintes qui assaillaient le monde juif algérien. Cette période de la guerre allait pourtant montrer à quel point l'attachement à la France émancipatrice pouvait tourner à la mise en retrait de son propre environnement et de ses

1. Né en 1912, le juif séfarade « Cheikh Raymond » reste un très grand nom de la musique arabo-andalouse au Maghreb. Élève de deux musulmans, Abdelkrim Bestandji et Omar Chakleb, Raymond ne se mêlait pas de politique et ne comptait que des amis dans toutes les confessions.

origines historiques. Mais aussi comment, le processus d'assimilation de la culture française ayant fait son œuvre depuis des décennies, le basculement irréversible vers l'Algérie française conduisait à la séparation d'avec les Algériens musulmans.

8

Vers la France, les raisons d'un choix

Dans les semaines qui précèdent l'indépendance de l'Algérie, en juillet 1962, l'immense majorité de la population juive d'Algérie, évaluée à près de cent trente mille âmes, quitte le pays et s'établit en France. Pourquoi ce choix ? Cette question, je me la suis posée bien plus tard, à la fin des années 1970, au moment de mes études sur le nationalisme algérien[1]. J'ai longtemps vécu comme une évidence ce choix de mes parents, de mon père en particulier. Ce n'était plus aussi simple lorsque je me suis penché sur les archives, ai mené des entretiens avec les membres de ma famille, ou lu la presse de l'époque. Le choix de mon père n'était pas si commode, car il a attendu la toute fin de l'Algérie française pour partir, le 12 juin 1962, vingt jours seulement avant la proclamation de l'indépendance algérienne. Nous sommes donc partis parmi les derniers de notre quartier, dans la précipitation. À ce moment d'un récit qui se termine avec la fin d'une guerre et de mon enfance, le départ vers la France en 1962 m'oblige

1. Sur mon parcours intellectuel, *Les Guerres sans fin. Un historien, la France et l'Algérie,* Paris, Stock, 2008.

à revenir à l'histoire longue pour comprendre ce mouvement vers la métropole.

J'ai déjà dit à quel point, en ce début des années 1960, les juifs d'Algérie, près d'un siècle après la promulgation du décret Crémieux de 1870, se sentaient, se voulaient français, tout en ayant subi différentes épreuves. Quatre ou cinq générations après l'entrée dans la cité française, et en dépit de l'antisémitisme européen de la fin du XIXe siècle, notamment à Oran ou à Alger[1], les émeutes musulmanes antijuives d'août 1934 à Constantine, ou l'abrogation du même décret Crémieux par le régime de Vichy en 1940[2], ils ne se voyaient pas autrement que comme Français à part entière. En sortant de leur statut de *dhimmis*, mélange juridique de protection et de soumission en terre d'islam pour les « gens du Livre », ils avaient goûté à l'égalité citoyenne promise par la République. Ils s'étaient alors dévoués à elle, attachés à leurs pratiques religieuses dans l'espace privé, et se déclarant sentinelles vigilantes des principes républicains dans l'espace public. Ils n'avaient pas fait le choix entre deux filiations : celle que l'on doit tenir secrète, pour mieux s'émanciper du carcan de la tradition religieuse et orientale ; et celle qui ouvre les portes d'un « rêve français », vers l'émancipation sociale et juridique. Ils vivaient au quotidien dans cette dualité identitaire. Mais dans cette dynamique à l'œuvre, les traces d'Orient s'étaient évaporées progressivement, l'usage de la langue arabe s'était affaibli et la séparation d'avec

1. Voir Geneviève Dermenjian, « L'antisémitisme des Européens d'Algérie », in *Alger 1860-1939. Le modèle ambigu du triomphe colonial,* Paris, Autrement, « Mémoires », n° 55, mars 1999.

2. Sur l'antisémitisme européen à Constantine, voir les mémoires du maire de la ville de Constantine, dans l'entre-deux-guerres : Émile Morinaud, *Mes mémoires, premiers combats contre le décret Crémieux,* Alger, Baconnier, 1938 (rééd. en 1941).

la communauté musulmane était devenue évidente. Elle s'agrandit encore lorsque le nationalisme algérien, qui se développa considérablement après les massacres de populations civiles de Sétif et de Guelma en mai 1945, insista sur la dimension arabo-musulmane de l'identité nationale. Comment, dans ces conditions, rester dans une Algérie indépendante, séparée de la France ? Une petite minorité de juifs, surtout proches du Parti communiste algérien, restera après 1962, espérant en une République algérienne où la religion serait séparée de l'État. Ceux-là aussi partiront dans les années 1990, au moment de la terrible guerre civile opposant l'armée algérienne aux islamistes armés.

Mais si mes parents ont pris brusquement la décision de partir, c'est aussi à cause de la fin dramatique de la guerre d'Algérie : incendie de la synagogue d'Oran, assassinat de Raymond Leyris, lettres de menaces de mort envoyées aux commerçants juifs. Les attaques de synagogues en particulier avaient bouleversé mon père qui, laïc, ne comprenait pas que la revendication politique de l'indépendance algérienne débouche sur des attaques contre la religion juive. C'était pour lui la preuve que la religion, l'islam, était le moteur de la bataille nationaliste, et que les membres de la communauté juive couraient un grand risque en « tombant » de nouveau dans une société et un État théocratiques. Après les accords d'Évian de mars 1962, les rues se remplissaient de « cadres », sorte de grands containers en bois où les familles déposaient leurs meubles et leurs souvenirs. Partout, mars, avril, mai, juin, le départ en masse a commencé vers la France.

Vers la France, parce que beaucoup de juifs étaient devenus des fonctionnaires (enseignants ou policiers, postiers ou infirmiers) et préféraient conserver la sécurité de l'emploi en suivant leur administration d'origine ; parce qu'ils avaient pris l'habitude de vivre dans un État où la liberté du culte est protégée ; parce qu'ils ne voulaient pas « lâcher la proie pour l'ombre », en acceptant le futur encore indécis de l'Algérie indépendante ; ou se diriger vers un pays, Israël, qu'ils ne connaissaient pas, mal ou peu. Bien sûr, Jérusalem était leur ville, pas leur ville en tant que ville-nation, mais en tant que ville céleste, nommée chaque année au moment des fêtes de Pessah. L'activité des groupes politiques se réclamant du sionisme demeurait minoritaire, et le pays, Israël, bien présent dans les cœurs, restait encore alors une abstraction. Il faudra la situation d'exil de l'après-1962 pour qu'Israël s'inscrive durablement comme une réalité. Le rapport si fort à l'identité française pouvait aussi s'expliquer par un besoin d'affirmer une identité précaire, car niée et bafouée dans le passé avec l'abrogation du décret Crémieux en octobre 1940. Le besoin de retrouver une citoyenneté perdue avait soudé les identités juives et françaises. On pourrait presque dire que leur arrivée dans l'ancienne métropole coloniale apparaissait, dans leur parcours, comme la logique ultime de l'assimilation.

Une série de causes s'enchevêtrent ainsi, conduisant à un départ massif. Et une image puissante s'est répandue, sur laquelle on pourra s'interroger : celle d'un embarquement rapide et général de toute une communauté entre avril et juillet 1962. Image très forte, à la différence d'autres pays du Maghreb, Maroc ou Tunisie, où l'on évoque les départs par vagues successives, progressives, entre 1956, moment des indépendances, et 1967, la guerre des Six-Jours israélo-arabe. En Algérie, l'image dominante, véhiculée notamment par le cinéma ou la littérature[1], est celle d'un d'arrachement instantané, immédiat de plus de cent mille personnes en quelques semaines (*grosso modo* entre mai et juillet 1962). Ce cliché correspond-il à la réalité historique ? Cette façon de mettre en scène la rapidité dans le départ signifie-t-elle quelque chose ? En réalité, le fait historique de l'arrachement instantané n'est pas établi. Des études ont précisément montré que ces départs de « pieds-noirs » (et les juifs d'Algérie se fondaient dans l'ensemble des Européens d'Algérie) vers la métropole française n'ont pas véritablement eu lieu en même temps, en quelques semaines. Si l'on examine attentivement les archives déposées à Aix-en-Provence, on s'aperçoit que les départs sont beaucoup plus échelonnés. Mon expérience d'enfant puis de jeune adolescent me conforte dans l'idée de départs échelonnés avec, certes, le pic de mai à juillet 1962.

Dans les conversations familiales, j'avais bien compris qu'une partie des membres de la famille Stora de Khenchela vivait désormais à Constantine, dans l'immeuble des Stora du 42, rue de France (qui faisait angle avec le 2, rue Grand où j'habitais). Ils étaient partis dans les années 1945-1948. Ce premier déplacement signifiait une mobilité (une migration) des juifs d'Algérie des centres ruraux vers les grands centres urbains. Dans les années de l'après-1945, on assistait à la fin de ce qu'on pourrait appeler le judaïsme rural en Algérie. Le berceau de ma famille se situait dans les Aurès, dans la ville de Khenchela (dont mon grand-père était le maire) ; et du côté de ma mère, la famille Zaoui était originaire d'un gros bourg, Fedj M'Zala, près de Constantine. Une partie de ces deux

1. Voir par exemple le film *Le Coup de sirocco*, d'Alexandre Arcady, qui a connu un énorme succès en salles au moment de sa sortie en 1979.

familles avait pris après 1945 le chemin du départ non pas vers la France métropolitaine, mais vers une autre « France », celle des villes de l'Algérie intérieure ou de l'Algérie méditerranéenne. Cette mobilité indiquait bien un premier grand départ conduisant à une autre vie. Après 1945, cette fin d'un judaïsme rural se déroulait à l'exception du Mzab, région du Sud très particulière en Algérie où les juifs n'avaient pas acquis la nationalité française, y compris par le décret Crémieux de 1870 (cette région saharienne a été conquise par la France au début du XXe siècle). Après 1945, une séparation s'est faite sur les plans politique, idéologique, culturel entre des « indigènes musulmans » qui voulaient une nation qui leur appartienne en propre (le nationalisme algérien) et une communauté juive qui, en allant vers les villes, signifiait son attachement à l'Algérie française, urbaine, citadine, permettant l'élévation du statut social. La séparation se fit par la migration, et le statut juridique. Cette « mobilité » paradoxale s'opérait tout en restant en Algérie. C'était une *occidentalisation sur place :* les juifs d'Algérie s'occidentalisaient non pas en allant en France, mais en se dirigeant vers les grandes villes algériennes (Alger, Oran, Constantine, Bône). Ils investissaient encore plus qu'auparavant la fonction publique (dans les impôts, les hôpitaux, mais aussi et surtout l'enseignement) et quittaient progressivement les métiers traditionnels qui étaient les leurs (artisanat, commerce, bijouterie). La guerre d'indépendance algérienne n'a donc pas été vraiment à l'origine de la séparation : elle n'a fait qu'accentuer, accélérer et aggraver les différences.

J'ai vu directement, personnellement, plusieurs vagues de départ pendant la guerre elle-même. Le mouvement a commencé très tôt, en 1956-1957. Les enfants du frère de mon grand-père (qui portait pour prénom Charles) partirent vers Paris en 1957. Je saurais, plus tard, le pourquoi de ce départ très précoce. Plusieurs événements avaient certainement joué dans la décision des Halimi (la fille de l'oncle Charles s'était mariée avec Isidore Halimi), qui étaient à ma connaissance les premiers « partants ». Les graves affrontements intercommunautaires du 19 mai 1956 à Constantine, déjà évoqués, et les attentats à la fin de l'année 1956 provoquèrent beaucoup d'interrogations et d'angoisses. Au début de 1957, la violence autour de la « bataille d'Alger » frappait les imaginations. L'attentat du dancing de la Corniche en mai 1957 toucha particulièrement les jeunes juifs qui fréquentaient ce lieu (certains avaient été amputés)[1]. Les événements internationaux jouèrent également un grand rôle avec la nationalisation du canal de Suez par Nasser en juillet 1956 et la guerre de Suez en novembre entre Israël et ses voisins arabes. Pour la première fois, le regard des juifs d'Algérie se porta davantage en direction d'Israël que de la France. Ce changement de perspective signifiait que la guerre d'Algérie était intimement liée, dans son règlement politique, au conflit israélo-palestinien. Mais ce nouveau regard n'avait pas pour conséquence un départ vers Israël, comme ce qui se produisait à la même époque au Maroc et en Tunisie. Ces deux autres pays du Maghreb avaient accédé à leur indépendance durant l'année 1956. Vivant dans

1. Sur les victimes juives de la guerre d'Algérie, voir Richard Ayoun, « Les Juifs d'Algérie pendant la guerre d'indépendance (1954-1962) », p. 15-29, et David Cohen, « Le Comité juif algérien d'études sociales dans le débat idéologique pendant la guerre d'Algérie (1954-1961) », p. 30-50, in *Archives juives*, Dossier : « Les Juifs et la guerre d'Algérie », 29, 1996 ; Benjamin Stora, *Les Trois Exils : juifs d'Algérie*, Paris, Stock, 2006, partie 3 ; Michael Laskier, *North African Jewry in the Twentieth Century*, New York, New York University Press, 1994, chap. 10.

le temps colonial sous le régime du protectorat, leur rapport à la France était différent. Les juifs n'étaient pas des citoyens français comme en Algérie. Beaucoup continuaient de manifester leur attachement au sultan du Maroc, par exemple, ce qui ne manquait pas de surprendre les gens de ma famille qui regardaient, amusés, l'étrangeté de ces autres juifs, restés très « orientaux ».

Dans cette vague de départ des débuts de la guerre d'Algérie, il y avait des étudiants de la communauté juive de Constantine, qui se dirigèrent vers Paris, et non vers la faculté d'Alger. Pendant leurs études, ils ont découvert les positions de certains juifs ashkénazes de France, engagés dans le communisme, donc favorables à l'indépendance algérienne. D'ailleurs, dans ces années-là, le journal de l'Union des étudiants juifs de France (UEJF), *Kadimah,* était favorable à la cause de l'indépendance algérienne. C'est ainsi que j'ai pu surprendre des discussions vives avec deux jeunes membres de ma famille Stora, qui faisaient des études de droit à Paris. Ils polémiquaient avec mes oncles sur la nature du FLN, ou le caractère inéluctable du passage à l'indépendance. Les divergences, bien sûr, étaient très importantes.

L'arrivée au pouvoir du général de Gaulle en 1958 rassura dans un premier temps, et freina les tentatives de départ. Mais son discours du 16 septembre 1959, prévoyant la possibilité d'une autodétermination pour l'Algérie, réveilla les inquiétudes. Les premières négociations avec le GPRA durant l'année 1960 ne laissaient plus de place au doute. La deuxième vague se situa logiquement en 1961, et j'ai déjà évoqué le départ de mon oncle Sam avec toute sa famille vers Bordeaux. Dans l'année 1961, d'autres événements secouèrent fortement la communauté juive : l'échec du putsch des généraux en avril 1961, qui signifiait la fin possible de l'Algérie française ; l'assassinat de Raymond Leyris à Constantine le 22 juin 1961, et l'attaque des synagogues, déjà évoqués ; et un troisième événement, la sortie du drapeau algérien dans les rues d'Algérie, avec la répression des manifestations musulmanes du 5 juillet 1961, qui montrait que l'indépendance approchait. Les slogans que j'entendais scander par des manifestants, que je découvrais pour la première fois dans la rue à Constantine, étaient sans ambiguïté : « Algérie musulmane ! » L'heure n'était plus au « replâtrage » du scénario de la « troisième force », rassemblant contre les « ultras » les partisans du « vivre ensemble » sur un pied d'égalité. Cette solution libérale avait longtemps eu la préférence d'une majorité de juifs d'Algérie. L'été 1961 marquait la fin de la possibilité de cette « troisième force ». Il fallait désormais être dans un camp ou dans l'autre : être du côté de l'Algérie française, ou vouloir l'Algérie algérienne. Dans certaines villes, comme Oran, de jeunes juifs s'engagèrent dans les rangs de l'OAS. André Akoun, dans son autobiographie, disait de ceux qui leur ressemblaient : « Quand ils rencontraient de vagues parents, juifs marocains, qui étaient restés fidèles au vêtement traditionnel et massacraient la langue française, il les regardait avec un peu de pitié méprisante, ces juifs arabes[1]. » Ils se voulaient comme les autres Européens, refusaient de voir (ou craignaient) l'émergence d'un autre nationalisme, algérien celui-là, qui était pour eux comme un retour aux valeurs arabo-musulmanes. Intégrés totalement dans le monde européen, ils ne savaient plus rien de leur histoire en terre d'Orient, et pas grand-chose sur la société d'en face, musulmane.

1. André Akoun, *op. cit.*, p. 42.

L'écrivain algérien Mouloud Feraoun, qui sera assassiné par l'OAS en mars 1962, confiait ainsi à son journal : « Qu'est-ce qu'un Indigène pour un Européen ? C'est un homme de peine, la femme de ménage. Un être bizarre aux mœurs ridicules, au costume particulier, au langage impossible. Un personnage plus ou moins sale, plus ou moins déguenillé, plus ou moins antipathique. En tout cas un être à part, bien à part et qu'on laisse là où il est. Voilà des lieux communs qu'il est presque puéril de rappeler si sommairement. Mais le mal vient de là. Inutile de chercher ailleurs. Un siècle durant, on s'est coudoyés, sans curiosité, il ne reste plus qu'à récolter cette indifférence réfléchie qui est le contraire de l'amour[1]. »

À Constantine, je n'ai pas connu de membres de ma famille, ou de mon quartier, qui étaient engagés dans les rangs de l'OAS. Le souvenir de la période vichyssoise était encore bien présent dans les esprits, et on savait que ceux qui dirigeaient cette organisation dans la ville avaient été des partisans de Vichy, favorables à l'abrogation du décret Crémieux. À l'inverse, en 1962, rares, très rares étaient les juifs présents dans le mouvement indépendantiste algérien. Ceux qui étaient dans une posture radicale de dénonciation du système colonial militaient essentiellement dans les rangs communistes[2] et restèrent en Algérie, se séparant de la masse de la communauté juive.

---

1. Mouloud Feraoun, *Journal*, Paris, Le Seuil, 1962, p. 45.

2. Voir par exemple le livre de Daniel Timsit, *Suite baroque. Histoire de Joseph, Slimane, et des images*, Paris, Bouchène, 1999, et du même auteur, *Algérie, récit anachronique*, Paris, Bouchène, 1998. (Daniel Timsit rejoindra le FLN, sera arrêté en octobre 1956 pour sa participation au « réseau bombe du FLN », et libéré en 1962. Né en 1928 à Alger, il est décédé à Paris en 2002.) Sur cet aspect d'engagement, lire également Jean Laloum, « Portrait d'un Juif du FLN », *Archives juives*, 29, 1996, p. 65-71 ; Philippe Boukara, « La gauche juive en France et la guerre d'Algérie », *Archives juives*, 29, 1996, Dossier : « Les Juifs et la Guerre d'Algérie », p. 72-81.

Quoi qu'il en soit, les considérations idéologiques et les débats théoriques sur l'avenir politique de l'Algérie n'intéressaient plus les membres de la communauté juive, lorsque commença la dernière grande vague du départ. Pour la plupart d'entre eux, l'important c'était la précarité sociale, la peur des représailles. Mon père, âgé de cinquante-trois ans, était hanté par la perspective du chômage, la peur de ne pas trouver du travail en France à son âge. Mais il n'avait plus le choix, avec le départ de l'armée française de la ville, il ne se sentait plus en sécurité.

9

La route de l'exil

> « Constantine, ocre et blanche, resserrée autour de son rocher, fière de son pont suspendu et des cinq autres ponts tendus autour d'elle, ville forteresse amoureuse des gorges qui la fendent en deux, disparaît brutalement au détour d'un virage, comme si elle n'avait jamais existé ailleurs que dans leurs jeux, leurs joies et leurs terreurs d'enfant. »
>
> Valérie Zenatti, *Jacob, Jacob*[1]

À Constantine, la vie a continué quelque temps comme si de rien n'était. Les repères, familiers, rassurent. Au début de l'année 1962, mes parents ne croyaient pas encore à un départ vers la France. C'était impensable. Toutes les révoltes antérieures s'étaient terminées, depuis cent trente-deux ans, par des victoires françaises. Mais la guerre durait depuis sept ans déjà. Les oppositions s'étaient durcies, les camps nettement dessinés. Les Européens (on ne disait pas alors les « pieds-noirs ») ne voulaient rien savoir d'une Algérie

1. Paris, Éditions de l'Olivier, 2014.

indépendante, installés qu'ils étaient dans la certitude d'avoir bâti un pays qui auparavant n'était, selon eux, qu'une constellation de tribus. Ils ne voyaient toujours pas le nationalisme des Algériens, et la lutte commune qui les avait agrégés en nation et société. Beaucoup sympathiseront avec l'OAS, par peur du nationalisme algérien, avec la volonté farouche de rester français.

Au fur et à mesure, durant la guerre, l'atmosphère, peu à peu, avait changé. Les attentats, les « rues barrées », les patrouilles, les soldats sur le qui-vive, les manifestations marquaient des territoires. Les Européens, place de la Pyramide, drapeau bleu-blanc-rouge, donnaient de la voix tandis que les musulmans leur répondaient, avec les drapeaux du FLN, dans le quartier du Bardo, à partir des manifestations de décembre 1960. Désormais, c'était « chacun sa race », comme on disait à l'époque, chacun son camp. L'été 1958 de la « fraternisation » était déjà bien loin. Finies, les escapades lumineuses vers les plages désirées, la grande évasion de l'été. Cette Algérie de l'enfance, un spectacle son et lumière, avec les familles sur la plage qui parlaient fort, et l'interdiction de se baigner après le déjeuner du midi, allait bientôt disparaître.

Au début de l'année 1962, cela faisait presque six mois que je ne sortais plus dans la rue, et la plage de Stora n'était plus qu'un lointain souvenir. Nous, les enfants, avions tous grandi avec la guerre et peu à peu nous avions appris à jouer à l'intérieur des maisons, sur les terrasses. Les fouilles au corps à l'entrée des magasins ou des cinémas, les bruits des bombes, les barrages s'étaient installés dans notre quotidien. En 1962, partout, dans les ruelles du Charrah, des panneaux étaient déposés que je n'oublierai jamais : « Rue barrée par l'autorité militaire. » La vie à Constantine n'était plus la même après les accords d'Évian, en mars 1962. Une lumière froide est tombée sur la ville, nous avions oublié le soleil. La musique des cafés s'est tue, les promenades sur la place de la Brèche ont disparu. Le rituel du cinéma le samedi soir au Casino s'est achevé. Nos voisins ont commencé à partir en entassant toutes leurs affaires dans le grand cadre en bois. Chaque nuit ou presque, un attentat soufflait la devanture d'un café ou d'une boulangerie, souvent appartenant à des Algériens musulmans. À deux heures, trois heures du matin, un bruit assourdissant me soulevait hors du lit, les vitres de l'appartement étaient soufflées. Mes parents ont décidé de partir au mois d'avril.

Deux hommes, des Algériens musulmans d'une quarantaine d'années, ont rencontré mon père. Je me souviens parfaitement de cette réunion solennelle dans notre petit appartement. Ils ont expliqué que les juifs ne devaient pas avoir peur du passage à l'indépendance. Mais mon père leur a demandé si les juifs allaient conserver une citoyenneté pleine, entière, égalitaire, dans l'Algérie indépendante. Les réponses des deux responsables du FLN, que mon père visiblement connaissait puisqu'ils venaient de Khenchela, étaient floues, évasives. Ils répondaient qu'ils avaient beaucoup souffert du temps de la colonisation, mais ne disaient rien sur le statut juridique d'un futur État. Les deux membres du FLN ont embrassé mon père et sont partis. Ils se sont séparés en bons termes. Mais sitôt la porte refermée, mon père s'est retourné vers nous en déclarant : « Cette fois, nous partons en France. » Il fallait alors chercher un « cadre ». Dans les rues du vieux quartier juif régnait un désordre indescriptible, de l'agitation, avec des meubles posés à même les trottoirs, des vêtements, des livres.

Nous sommes donc partis le 12 juin 1962. Après avoir « bataillé » (l'expression était de mon père) pour avoir des places d'avion, et la possibilité de placer nos affaires dans le fameux cadre en bois que tout le monde voulait. Ce cadre, il ira finalement le chercher plus tard, en septembre 1962, à Constantine. Un camion militaire est venu nous prendre à l'aube pour nous emmener sur la base aérienne de Teleghma, à quarante kilomètres au sud. Avec, chacun, nos deux valises et notre manteau sur le dos pour gagner de la place dans nos affaires. Nous avions pris l'essentiel. Pas de jouets, de livres ou d'objets souvenirs. Juste des habits. C'était la première fois que mes parents, ma sœur aînée et moi montions dans un avion. Nous avons décollé le soir, après une journée d'attente sous le cagnard. J'avais douze ans, mais je savais que ce départ était définitif. Même si ma mère avait nettoyé l'appartement de fond en comble et si mon père avait fermé à clé, comme quand nous partions quelques jours en vacances. Mes parents ont longtemps conservé les clés de leur appartement, comme s'il était impossible d'accepter le départ…

Ce n'était pas une fuite, mais le présent était trop lourd à porter : on espérait une vie débarrassée de la violence quotidienne, des traces de la guerre et de la peur. Mes parents ne nous ont rien dit, essayant de nous rassurer. Mais ma sœur et moi avions entendu leurs conversations angoissées, le soir derrière la cloison. Avant de quitter l'Algérie, nous avons fait une photo avec les tantes, les oncles et mes nombreux cousins germains. L'arrivée en France a signifié le début de la dispersion de la famille à Bordeaux, Toulon, Marseille ou Massy. Ma grand-mère maternelle, qui ne parlait pas un mot de français, seulement l'arabe, est morte quatre ans après. Ma mère ne s'est jamais habituée à l'anonymat de Sartrouville où nous nous sommes finalement installés. Chaque fois qu'elle revenait des courses, elle soupirait : « Pas une seule tête connue dans la rue. »

Sur les cent trente mille juifs d'Algérie, environ cinq mille sont partis vers Israël, et un peu plus de cinq mille sont restés en Algérie. Selon Line Meller-Saïd[1], ils seront en Algérie moins de deux mille dans les années 1970, après le conflit israélo-arabe de 1967, et moins de deux cents dans les années 1980. La guerre civile des années 1990 accélère le mouvement définitif de départs, ils ne sont plus qu'une petite centaine au début des années 2000. Les juifs qui restent, pour la plupart âgés et très isolés, sont soutenus par le président du Consistoire d'Algérie, doyen du barreau de Blida, Roger Saïd, que j'ai rencontré avec sa sœur Line à Alger et à Paris. Il est décédé en 2012. La plupart des synagogues ont été transformées en mosquées, et la plus grande synagogue de Constantine, le Midrach, est devenu est un centre d'études de théologie musulmane. Là où je me rendais le samedi matin avec mon père à l'office du shabbat, le « Temple algérois », tout a été rasé. En juillet 2014, le ministre des Affaires religieuses en Algérie, Mohamed Aïssa, s'est prononcé pour la réouverture de synagogues en Algérie[2].

Nous avons pris la route d'un exil définitif ce 12 juin au soir. À l'arrivée à Orly, mon oncle Robert, le frère de ma mère, nous attendait. Une hôtesse de la Croix-Rouge nous a donné à chacun un bonbon, et c'est tout. Nous étions en France, et à défaut de Ville

1. Voir ses ouvrages, *Alger un enfant dans la tourmente,* Paris, Éditions ER Jeunesse, 2001 ; *Blida et des poussières, une Algérie dans le miroir,* Paris, Romillat, 2007.

2. « L'Algérie veut rouvrir les synagogues fermées », in *Algérie Focus,* 2 juillet 2014.

lumière, je contemplais la noirceur du périphérique jusqu'à la petite maison de Montreuil où nous nous sommes entassés à près de trente personnes pendant quelques mois.

Mes premiers souvenirs de cette histoire comme enfant de douze ans arrivant à Paris en juin 1962, c'est encore une multiplicité de peurs (malgré la paix retrouvée), liées à celles de mes parents, tout simplement. La peur de la dispersion de la famille, de la communauté juive de Constantine, des gens que je connaissais et que mes parents connaissaient dans le quartier. Car une peur naît dans l'arrachement de l'exil, celle que toute vie antérieure disparaisse, que ce monde de l'Algérie de l'enfance soit englouti.

Un sentiment d'inquiétude et de solitude nous étreignait dans la société française, vite masqué par les découvertes des villes de métropole, avec leurs « richesses » et leurs scintillements. Si les juifs d'Algérie pour la plupart ne connaissaient pas la France, ils ne se vivaient pas comme des immigrés, des réfugiés, mais comme des Français jetés dans l'exode. Cette sensation dit toute la différence d'avec les juifs venus du Maroc ou de la Tunisie, qui n'étaient pas des citoyens français, mais les « sujets » d'un protectorat.

Le choc de l'été 1962, pour mes parents comme pour moi, a surgi de l'écart entre notre vision d'une France idéalisée et la dure réalité : la solitude, le mépris, le fait d'être mal considéré, mal accepté. Le mauvais accueil a été un traumatisme, de Marseille à Toulouse, et de Strasbourg à Nice, à Paris ou en région parisienne. Les juifs d'Algérie avaient « marché » vers la France et l'Occident depuis très longtemps, depuis la fin du XIXe siècle, depuis le début du XXe siècle. Ils étaient déjà engagés dans un univers occidentalisé tout en vivant en Orient, en Algérie. En

1962, en suivant la France et pour certains d'entre eux en poursuivant leur métier de fonctionnaires, ils croyaient prolonger leur vie algérienne en France. Ils ont compris très vite que non, ce ne serait plus la même vie. Les liens anciens familiaux, communautaires, religieux, idéologiques, progressivement se défont. La dispersion des grandes familles se réalise. Nous voilà centrés sur une famille rétrécie, sans les oncles, les tantes, les cousins germains. Alors que nous vivions les uns chez les autres, avec les portes toujours ouvertes, la fin de la famille élargie a provoqué une impression de solitude, d'isolement, de mise en retrait, à l'intérieur de la société française.

Dans l'été 1962, de nombreux juifs d'Algérie vont aussi être confrontés à la précarité, au déclassement social. La peur de la chute économique et statutaire est là. Contrairement aux stéréotypes répandus, beaucoup de juifs d'Algérie ne vivaient pas au-dessus du niveau de vie moyen des habitants de la métropole. Il existait des grandes poches de misère, y compris dans une ville comme Constantine, et cela touchait les artisans, les petits commerçants, les fonctionnaires. Tous ces sentiments de pertes, de la terre, du domicile, de la famille ont engendré cette volonté farouche de « rentrer » par le travail, le plus vite possible, dans la société française. Avoir du travail, rebondir, avoir un « plan » pour pouvoir s'insérer, s'intégrer, qu'importent les termes : pour nombre d'entre eux, la découverte du salariat signifiait le saut dans une nouvelle forme de socialisation.

L'attente du logement est un autre aspect qui doit être pris en compte pour comprendre le sentiment de précarité. Beaucoup de juifs d'Algérie, arrivés au cours de l'été 1962, sont allés vivre les uns chez les autres, « en attendant ». En attendant d'avoir un logement, en banlieue ou ailleurs. Le logement, le travail, ces questions-là dans ces années 1962-1963 dominent dans tous les esprits. L'heure du bilan de la guerre d'Algérie, de la mémoire et de la responsabilité de chacun n'est pas encore venue. Une page est tournée, et il va falloir continuer, écrire une autre page de l'histoire, de son histoire.

Dans la tourmente de l'année 1962, les uns et les autres tentent de maintenir tout de même des liens communautaires, affectifs, familiaux, religieux. La peur de la dispersion est compensée par la volonté de se réapproprier des espaces de solidarité, en particulier autour des synagogues. Pour les juifs du Constantinois, la synagogue des Tournelles, près de la place des Vosges, dans le 4e arrondissement de Paris, a été ainsi un lieu de retrouvailles et de préservation d'une mémoire commune. Le lieu religieux devient cet espace fondamental par le biais des grandes fêtes religieuses (Kippour ou Roch Hachana) mais aussi grâce aux cérémonies de circoncision, Bar Mitsva ou mariages. La synagogue et… la viande casher à Saint-Paul. Le quartier de Saint-Paul, à partir de 1962 et jusqu'en 1967, sera ce lieu où l'on espère maintenir quelque chose des solidarités anciennes.

En lisant un beau texte de Jean Laloum sur les juifs originaires du Maghreb vivant dans le quartier du Marais, à Paris, dans les années 1930-1940[1], j'ai compris autre chose. Lorsque j'avais douze-treize ans, mes parents m'amenaient « à la viande, à Saint-Paul ». C'est-à-dire acheter de la viande casher près du métro Saint-Paul. Je pensais alors simplement que cet endroit était devenu le lieu des retrouvailles de tous ces juifs

---

1. Jean Laloum, « Des Juifs d'Afrique du Nord au Pletzl ? Une présence méconnue et des épreuves oubliées (1920-1945) », in *Archives juives* 2005/2, vol. 38.

déracinés, pleins de chagrin, dans l'été 1962 qui commençait. Plus tard, j'ai su que le quartier était celui des ashkénazes, et je pensais alors que les séfarades étaient venus prendre possession de cet endroit, presque naturellement, après la cruelle épreuve de la Shoah. Les juifs maghrébins venaient peupler à nouveau le « Pletzl »[1]. Les choses, en fait, n'étaient pas si simples. Il m'a fallu attendre longtemps pour comprendre que si mes parents, avec d'autres, venaient là, ce n'était pas par hasard. Il y avait une antériorité de la présence des juifs d'Afrique du Nord, une vieille implantation de commerces et de synagogues dans les rues François-Miron, Saint-Antoine, ou de Rivoli, bien avant les indépendances des années 1960. Les odeurs si particulières des épices du Sud et les sons des musiques orientales avaient commencé à se répandre dans ce quartier dès les années 1930. Et les « israélites français » allaient chercher « ceux d'Algérie » pour obtenir leur aide contre les fascistes antisémites qui les agressaient dans cette période de l'entre-deux-guerres.

Pendant quelques années, peut-être deux ou trois ans, la dispersion dans la société française a été quelque peu freinée. Je me souviens que cette volonté de maintenir les liens était si forte que pour aller me faire couper les cheveux en 1963, habitant Sartrouville, j'allais aussi jusqu'à Saint-Paul. Mon père connaissait le coiffeur, celui de Constantine, bien entendu. Et cela a duré encore deux ans. Ce monde constantinois dans le quartier du Marais a disparu progressivement. 1967, la guerre des Six-Jours marque un tournant dans l'émergence d'une singularité juive. Le rapport passionnel à Israël va fonctionner comme un substitut, un

1. Sur l'histoire de ce quartier juif, voir Nancy Green, *Les Travailleurs immigrés juifs à la Belle Époque, Le « Pletzl » de Paris*, Paris, Fayard, 1985.

moyen d'oubli de l'Algérie. Les juifs, à la différence des « pieds-noirs » qui continuaient d'être habités par le souvenir de l'Algérie française, ont reporté leurs mémoires d'Orient sur l'existence de l'État d'Israël. Cette perspective de substitution va s'amplifier, portée notamment par les nouvelles générations à partir des années 1990-2000.

Avec le choc de l'arrivée en France, la grande famille nucléaire et enveloppante s'est finalement dispersée. Pour nous, ce fut une banlieue anonyme, Sartrouville, après un passage par un sous-sol du Paris bourgeois. Avec mon accent et mon arabe au bord des lèvres, je me suis retrouvé au lycée Janson-de-Sailly dans le 16e arrondissement de Paris, confronté non seulement à la froideur, à la solitude et à l'individualisme, mais aussi aux moqueries et à un antisémitisme banal – autant de découvertes. Je n'ai pas été long à comprendre que, pour m'assimiler, je devais tout dissimuler de mes origines, tant orientales que juives, décoder de nouvelles normes, et travailler, travailler, redevenir le premier de la classe. Il y avait aussi le déclassement social, la pauvreté. Nous avons vécu deux ans rue de l'Yvette, dans le 16e arrondissement, dans une ancienne forge désaffectée (aujourd'hui un parking) appartenant à un ami anglais que mon père avait connu pendant la guerre. À la sortie du lycée, j'accompagnais mes camarades dans l'entrée du grand immeuble à côté, leur disant que c'était chez moi, sans jamais, bien sûr, les inviter à l'intérieur. Pour obtenir son « HLM », mon père, en dernier recours, a envoyé une lettre au ministère du Logement, qui raconte nos malheurs, grands et petits, depuis notre arrivée en France. Cette lettre, je l'ai retrouvée dans ses archives, après son décès. La voici :

Stora Élie.
21, rue de l'Yvette. Paris 16e
Rédacteur Cie Assurances
Paris, le 11 février 1963
Monsieur le Directeur du Service Départemental du logement.
50, rue de Turbigo.
Références : Fichier central des mal logés. N° 24 990.

Monsieur le Directeur,

J'ai l'honneur de vous accuser réception de votre lettre du 11 juillet 1962, m'informant de l'enregistrement de ma demande de logement sous le N° cité en référence.

Depuis le 11 juillet dernier à ce jour, il est de mon devoir de vous informer que j'ai été contraint de quitter l'endroit où je m'étais réfugié 96, rue de Stalingrad à MONTREUIL-SOUS-BOIS où nous vivions une vingtaine de personnes dont un jeune bébé dans trois chambres et d'accepter un appartement rez-de-chaussée, attenant à une forge serrurerie, mis gracieusement à notre disposition par des amis, sis 21, rue de l'Yvette PARIS 16e.

J'ai fait de mon mieux pour rafraîchir cet appartement, composé de 2 pièces et une cuisine, malheureusement l'hiver a été rude, les plafonds et les murs suintent continuellement, au point où une assistante sociale, désignée par la Mairie du 16e, s'est rendu compte de l'état lamentable des lieux.

Inutile de vous dire, Monsieur le Directeur, que ma femme a contracté depuis que nous habitons cet appartement trois grippes, une bronchite, une sinusite, et qu'à ce jour elle est encore malade. Quant à mes enfants, ils se plaignent de douleurs rhumatismales, vous voudrez bien vous pencher avec toute votre sollicitude, et clairvoyance habituelles sur ma situation plus que dramatique, et de recevoir dans les meilleurs délais, une lettre d'encouragement et d'espoir en vue de l'obtention d'un H.L.M. de quatre pièces et cuisine afin que ma mère, veuve de ce Grand Invalide de Guerre, actuellement à Montpellier, puisse venir habiter avec moi.

Je vous prie de croire, Monsieur le Directeur aux expressions de ma gratitude anticipée et de mes sentiments très respectueux.

Élie Stora

L'hiver 1962-1963 fut terriblement rigoureux, et les conditions de vie, bien décrites par mon père dans son courrier, étaient catastrophiques. Et pourtant, nulle nostalgie ne m'habitait. Adieu, certes, les parfums des femmes, les odeurs des maisons, de la cuisine et des rues de là-bas ; adieu la médina, les ânes, la chaleur, la lumière… Mais, vite, un sentiment de liberté m'a gagné. L'insécurité de la guerre était derrière nous. Et, mon horizon s'élargissant, le poids de la pression communautaire, dont jusqu'alors je n'avais pas conscience, s'allégeait, de nouvelles normes supplantaient les anciennes que j'avais crues immuables. Les interdits d'hier peu à peu tombaient. Interdits religieux, alimentaires aussi, sexuels un peu plus tard. C'est vers treize-quatorze ans que la femme a cessé d'être l'objet d'un fantasme inquiétant, et que mon enfance a pris fin. Je poursuivais mon apprentissage de l'Occident grâce à l'école républicaine, de plus en plus j'appelais un chat un chat : fini le jeu des regards, des pensées comploteuses, dérobées, des discours où l'on perd du temps à ne pas aller à l'essentiel… Pour autant, je ne reniais pas cette part d'Orient qui était en moi, mais la part d'Occident prenait le dessus, et j'y étais préparé. Car l'Algérie française, c'était aussi l'Occident dans l'Orient. Surtout cette ville singulière, très juive et arabe, de Constantine, bien différente d'Alger, où les juifs ne parlaient pratiquement plus l'arabe. Une ville où ils étaient à la fois pétris de traditions orientales, religieuses, et très occidentalisés, très laïcs. Si bien qu'en débarquant en France nous avions tout de même, sous notre apparence orientale, les codes de l'Occident. Les musulmans aussi ont été touchés par ce sentiment d'acculturation, bien plus profond en Algérie qu'au Maroc ou en Tunisie.

Mes parents, eux, étaient désorientés, accablés, démunis. Mon père, arrivé d'Algérie à l'âge de cinquante-trois ans, avait trouvé difficilement une place d'employé dans une compagnie d'assurances. Il vivait mal la solitude de l'exil et l'incompréhension de ses contemporains. Ma mère, qui n'avait jamais travaillé à Constantine, est entrée en usine en 1964, à La Garenne-Bezons, dans une filiale de Peugeot. De l'histoire de sa vie, elle livrera un témoignage recueilli par l'écrivaine Leïla Sebbar en 1993. Quant à moi, qui ne vivais pas, qui n'ai jamais vécu dans le culte de la nostalgie, dans le fantasme de l'orientalisme, dans le souvenir des petits gâteaux, je savais où j'étais, je savais d'où je venais. Mes interrogations sur le poids des origines viendront plus tard. Je ne ressentais pas de troubles identitaires, je ne me sentais pas vraiment « déchiré » : *mes racines s'additionnaient* au terme d'une enfance heureuse et oppressante à la fois, entre la République et l'Orient. En outre, la chaleur, la fraternité communautaires que j'avais perdues, qui me manquaient, je n'ai pas tardé à les retrouver sous le soleil de Mai 68, en m'engageant dans la politique révolutionnaire. 1968 apparaît comme la date rupture me permettant non seulement d'entrer en politique mais aussi… en France. La France de la Révolution, de la République, des engagements fraternels, de la libération individuelle et collective, ce pays où l'on peut dire qui on est, d'où l'on vient, chose que je ne pouvais pas faire entre 1962 et 1968. Dans ces six années, au lycée Janson-de-Sailly pendant deux ans, puis au lycée de Saint-Germain-en-Laye, il régnait parmi les élèves un antisémitisme larvé, évident, « provincial ». Je découvrais une vieille société repliée sur elle-même, archaïque. Un monde figé dans une grisaille uniforme. Un adolescent comme moi, venant d'un milieu, d'un « pays » très particulier, ne pouvait pas parler, communiquer, dire qui il était. Aux yeux de mes camarades, je venais d'un endroit, l'Algérie, dont on disait qu'il n'était peuplé que de colons et d'indigènes soumis. Comment dire ma différence, ma singularité ? À partir de 1968, au contraire, c'est devenu un motif de fierté que d'affirmer : « Voilà, j'appartiens à une minorité qui a connu les ravages de l'histoire, et veut trouver sa place dans la société française. » Un des slogans de 1968 a résonné en moi de manière extraordinaire, c'était : « Nous sommes tous des juifs allemands », scandé par des milliers de jeunes dans la rue. Cela m'est apparu comme une libération. Je pouvais dire que je venais d'un autre pays, et que j'étais un juif d'Algérie. Je pouvais le revendiquer ailleurs que dans les conversations au café, dans l'espace privé et les échanges familiaux, dans les rues de Paris. Il y avait dans l'effervescence de ces moments une diffusion d'idées sur les appartenances transfrontières, transculturelles ou multiculturelles. La multiplicité des origines se trouvait assumée avec fierté. Il me semblait qu'il s'était produit plus de choses en un mois que durant les sept ans qui avaient suivi mon départ de 1962. Et puis, comme à Alger dix ans plus tôt, il y avait des barricades au Quartier latin. Dans ces années d'engagement, se produisit aussi l'éloignement avec les institutions communautaires juives traditionnelles. Comme le note justement l'universitaire israélien Yaïr Auron, « dans les années 1960, alors que résonnait le slogan "tout est politique", les institutions religieuses et communautaires, sclérosées et ennuyeuses, n'apparaissaient pas comme un tremplin adapté vers la compréhension du monde et de soi-même. Les structures indépendantes et authentiques, comme les Éclaireurs israélites de France ou l'Union des étudiants juifs de France, perdirent ainsi beaucoup de leur influence[1]. »

Mai 68 offrait à la fois l'occasion d'entrer de plain-pied enfin dans la société française et la possibilité de critiquer la France. On pouvait alors dire que le pays qui avait mal accueilli ma famille était indigne. Bref, on pouvait s'intégrer et contester. Être dans une histoire française, et vivre dans une autre histoire multiculturelle, s'inscrire dans deux logiques en même temps, celle de l'intégration et celle de la contestation. Le reste de ma vie intellectuelle et politique sera marqué par cette dualité appliquée à l'histoire de la France et à celle de l'Algérie, à l'histoire des juifs et à celle des Arabes, à l'histoire de l'immigration et à celle de la nation. Une façon de ne jamais rester cantonné à un seul récit. Mais cela, c'est déjà une autre histoire[2]...

1. Yaïr Auron, *Les Juifs d'extrême gauche en mai 68*, Paris, Albin Michel, 1998, p. 126.

2. Voir mes ouvrages *La Dernière Génération d'Octobre*, pour mes engagements militants dans les années 1970, et *Les Guerres sans fin*, pour mon parcours intellectuel et universitaire. Les deux ouvrages ont été publiés en 2003 et 2008, aux éditions Stock.

10

La mémoire vive et douloureuse

Dans ma famille, pendant quelques années, nous nous sommes « vécus », après les « événements », comme des Européens d'Algérie, comme des « pieds-noirs ». Avec le sentiment d'appartenance au mouvement européen, en effaçant les traces singulières d'une judéité dans l'espace public de la société française métropolitaine. Ce n'est que récemment que les familles juives d'Algérie retrouvent ou cherchent à retrouver les marques de ce qui a été leur histoire, leurs deux mille ans d'histoire dans ce pays. Le désir d'Orient, ce regard porté vers le Maghreb, est nouveau. Et j'en veux pour preuve le succès de mon livre, *Les Trois Exils*, succès porté par les jeunes générations, des gens qui ont vingt-cinq ou trente ans. Ils voulaient savoir quelle était leur part de Maghreb, d'Orient, dont ils se savaient instinctivement légataires dans l'espace familial, intime, à travers les photos, les récits des grands-parents et des parents. Avec ce qui demeurait de mystérieux, voire de complètement insaisissable.

On a vu comment, par l'égalité civile, la plupart des juifs originaires d'Algérie se sont progressivement intégrés dans la société française *avant* même leur départ des sociétés colonisées. La vieille communauté du ghetto de Constantine était déjà entraînée dans une forme de modernité occidentale. Dans son *Essai de bilan sur l'intégration des Juifs d'Afrique du Nord*, Colette Zytnicki a bien montré comment les nouveaux venus d'Afrique du Nord ont pu ainsi facilement réactiver, dynamiser les communautés juives provinciales françaises[1]. C'est ainsi que Simon Choukroun, le fils d'un grand rabbin de Constantine, Rabbi Simon Choukroun, établi à Nantes après 1962, ranima la communauté nantaise dont la synagogue était fermée depuis l'Occupation. Il la fit rouvrir, y fut ministre-officiant bénévole, mit en place dans le département de la Loire-Atlantique une Société du dernier devoir (*Hebra Kadicha*), au sein de laquelle sa femme prit soin des toilettes rituelles[2]. Le traumatisme de l'exode ne s'est pourtant jamais effacé pour les juifs constantinois. Juridiquement assimilés, unis autour d'un fond de pratiques laïcisées et de traditions religieuses, d'un fort sentiment de minorité et d'un attachement profond à l'image républicaine de la France, ils n'ont pourtant jamais vraiment oublié l'Orient…

La volonté de remonter la mémoire commence donc, difficile et complexe. Elle s'exerce autour de certaines figures. Par exemple, celle d'Atlan, ce peintre né à Constantine, ami de mon père au lycée d'Aumale. Personnage se voulant aux prises avec toutes les histoires, qui déclarait en 1958 : « Je suis Juif et Berbère, de Constantine. » Il meurt, comme Camus, en 1960, et tous deux sont nés la même année, en 1913. Les

1. Voir sa thèse, *Juifs du Maghreb : Naissance d'une historiographie coloniale*, Paris, Sorbonne, 2011.
2. Paul Attali, *Les Tournelles, une grande synagogue parisienne*, Paris, Les Tournelles, 2010, p. 80.

deux hommes éprouvaient un amour identique pour la terre qui les a vus naître. Ils ont émigré au même moment vers la France à la fin des années 1930, et ils ont connu, à Paris, la notoriété et la reconnaissance de leur talent, dans l'univers des arts et de la littérature. Atlan et Camus se sont engagés très jeunes en politique, dénonçant les injustices, et refusant le système colonial qui régnait en Algérie. Mais avec une sensibilité différente, qui permet aujourd'hui de comprendre toute la complexité des positions dans le monde intellectuel des « Européens » natifs d'Algérie. Camus a toujours voulu préserver les chances d'une cohabitation qu'il pensait possible, harmonieuse, entre « pieds-noirs » et « Arabes ». À la veille de sa mort, il disait dans son beau livre inachevé, *Le Premier Homme*, sa hantise de voir disparaître à jamais les traces de sa « communauté », celle des Français d'Algérie. Il a écrit : « Des foules entières étaient venues ici depuis plus d'un siècle, avaient labouré, creusé des sillons, de plus en plus profonds en certains endroits, en certains autres de plus en plus tremblés jusqu'à ce qu'une certaine terre légère les recouvre et la région retournait alors aux végétations sauvages, et ils avaient procréé puis disparu. Et ainsi de leurs fils. Et les fils et les petits-fils de ceux-ci s'étaient trouvés sur cette terre comme lui-même s'y était trouvé, sans passé, sans morale, sans religion, mais heureux de l'être et de l'être dans la lumière, angoissés devant la nuit et la mort. Toutes ces générations, tous ces hommes venus de tant de pays différents, sous ce ciel admirable où montait déjà l'annonce du crépuscule, avaient disparu sans laisser de traces, refermés sur eux-mêmes. »

Atlan, lui, trouvait son inspiration créatrice dans une histoire algérienne plus longue, plus ample, s'étalant sur des siècles, et qui ne se réduisait pas à la seule arrivée française. Les titres qu'il a donnés à certains de ses tableaux dans les années 1950 indiquent la profondeur de ce regard : *Chant du Hoggar, Maghreb, Soudan, Salammbô, Opéra kurde, Rythmes africains, Les Oiseaux du désert, Sourates, Pentateuques,* ou *La Kahéna.* Atlan interroge et scrute toutes les formes de spiritualité, qu'elles appartiennent à la pensée d'un continent, à une religion, à une mystique. Avec une prédilection pour l'Orient, le « Sud » (qui est le titre d'un tableau). Le plus attentif à l'apport d'Atlan, parmi les peintres algériens de cette génération, fut Mohammed Khadda (tout comme plus tard le peintre constantinois, Ahmed Benyahia). Dans une mise en perspective à partir des premiers peintres algériens, il situe l'apport d'Atlan : « Atlan, le Constantinois prématurément disparu, est un pionnier de la peinture algérienne moderne. Toute son œuvre aux rythmes barbares n'est que mémoire des gorges du Rummel et du nid d'aigle qu'est Constantine[1]. »

L'un et l'autre, du même âge et décédés la même année, témoignent d'un monde à la fois présent et disparu, celui des villes métissées et bruyantes, des lumières du ciel d'Algérie et des violences à l'œuvre dans une société traversée par les inégalités. L'un et l'autre se sentaient incompris et « à part » en France. Camus, plaisantant et sérieux, dit des Européens d'Algérie en 1955 : « Nous sommes les juifs de la France, victimes de la discrimination en métropole[2]. » Atlan et Camus ne verront pas comment évoluera le destin de

1. Cité par Anissa Bouayed, « Le peintre Atlan (1913-1960), de Constantine à Paris, ou la migration du regard », in *La Bienvenue et l'Adieu. Migrants juifs et musulmans au Maghreb, XVe-XXe siècle,* sous la direction de Frédéric Abecassis, Karima Direche, Rita Aouad, Rabat, Éditions Centre Jacques Berque, 2012, p. 220.

2. Cité par Olivier Todd, « Camus, l'Algérie au cœur », dans *Le Nouvel Observateur,* janvier 1996.

l'Algérie après 1960. L'organisation de la diffusion des traces mémorielles autour de ces deux hommes nous renseigne sur la perception actuelle du drame algérien, de la guerre et de l'exode de certaines populations. Pour Albert Camus, existait la certitude de l'appartenance au monde européen, avec une empathie réelle pour la société « indigène » ; pour Atlan, l'effacement d'une mémoire juive avec la fin de l'Algérie française, et l'édification d'une idéologie algérienne musulmane homogène, place sa postérité au secret. Atlan ne pouvait être porté par aucun groupe de mémoire particulier. Il se revendiquait comme appartenant à plusieurs mondes. Dans l'inachèvement, l'acculturation et le déracinement, la personnalité d'Atlan nous dit beaucoup de choses sur le destin singulier des juifs d'Algérie.

Ces derniers sont arrivés en France entre 1956-1957 et 1963-1964. En une dizaine d'années seulement, ils vont s'arracher à des siècles de présence en Afrique du Nord, et profondément bouleverser le judaïsme français. Peut-être parce que ces juifs d'Orient importent dans la société française une sensibilité particulière qui bouscule le modèle jacobin, celui de l'assimilation. Ils se sentent à la fois profondément Français et profondément juifs. Cette attitude singulière révèle la crise du modèle traditionnel français d'assimilation en montrant un multiculturalisme à l'œuvre. Un multiculturalisme de fait qu'ils ont amené avec eux et sans bruit, presque « par effraction », sans se signaler particulièrement. Ajoutons qu'ils ont l'expérience, dans leur imaginaire, dans leur comportement, de l'islam. Or nous savons que la question de l'islam dans la société française devient une question très importante.

Depuis plus d'un demi-siècle, les juifs du Maghreb, au sens large, forment la dernière grande vague d'émigrants juifs vers la France. Il n'y a plus jamais eu d'arrivée de juifs avec cette ampleur dans la société française. Après l'indépendance algérienne de 1962, les juifs d'Algérie n'ont pas voulu, de manière explicite, revendiquer leur appartenance à une histoire algérienne « séparée » de l'histoire française. « Indigènes » sur cette terre depuis plusieurs siècles, ils se sont fondus dans la masse des Français d'Algérie, ne cherchant pas à développer une quelconque spécificité. Effaçant, de manière momentanée, les traces dans leur esprit d'une présence très ancienne, ils se sont voulus simplement des « pieds-noirs », jetés dans l'exode de l'été 1962 et vivant un exil douloureux dans la métropole française (peu ont choisi à ce moment d'aller vivre en Israël). Au fond, le processus d'assimilation culturel et politique, commencé après la conquête de l'Algérie en 1830, et amplifié par le décret Crémieux de 1870 qui faisait d'eux des citoyens français à part entière, trouvait son « aboutissement » dans le départ vers la France. Mettant de côté l'antisémitisme européen virulent de la fin du XIXe siècle (au moment de l'affaire Dreyfus) et, surtout, les lois racistes de Vichy qui les avaient rejetés hors de la citoyenneté française, les juifs d'Algérie ne voulaient plus « retomber » au rang de *dhimmis.* Français depuis au moins quatre générations au début de la guerre d'Algérie, ils avaient vu leur statut social s'améliorer au fil des années. Cette dimension sociale est décisive pour comprendre le choix du départ vers la France au moment de l'indépendance algérienne. Les fonctionnaires ont joué un grand rôle dans l'entraînement vers l'Europe du reste de la communauté, composée aussi de petits artisans et employés dont nombre d'entre eux étaient de condition modeste. Après 1962, l'urgence pour tous était de s'intégrer dans la société française, et non de chercher des liens et des filiations avec l'« Orient » qu'ils quittaient définitivement.

Du côté des Algériens musulmans, après une terrible guerre d'indépendance qui avait fait des centaines de milliers de morts, l'heure était à la construction d'un État et d'une nation indépendante. Dans les années 1970, en Algérie, l'accent était mis par les nouveaux dirigeants du pays sur la « nécessaire unité nationale », le renforcement d'une cohésion identitaire fondée sur des valeurs arabo-musulmanes. Les discours officiels ont encouragé la vision d'un peuple algérien musulman homogène, débarrassé de toutes les influences étrangères. Il s'agissait d'effacer les marques de la présence coloniale française, par exemple dans l'architecture, ou la pratique de la langue. Dans la recherche d'uniformité, les traces de culture berbère ont aussi été minimisées, effacées. À travers cette quête d'homogénéité se sont perdus les éléments de complexité, d'apports mutuels, d'empreintes, d'échanges. Le rôle de la minorité juive en terre d'islam, puis pendant la colonisation française, a disparu des récits officiels et des manuels scolaires, à la différence du Maroc et de la Tunisie, qui n'avaient pas connu un tel processus de colonisation radicale. Le souvenir de la présence juive en Algérie s'est transmis dans le cercle restreint de l'intimité familiale.

Ce double effacement de l'après-1962 – celui des juifs d'Algérie se voulant seulement des « Français d'Algérie » et celui des Algériens musulmans désireux de retrouver un passé précolonial idéalisé et uniforme – expliquera le long silence à propos de l'histoire des relations entre juifs et musulmans. Dans les années 1970, il fallait oublier pour vivre, tourner la page sans l'arracher pour avancer dans la société française, s'ancrer dans une « nostalgérie » partagée avec les autres Européens, les pieds-noirs. La filiation désagrégée, la fatalité de la guerre et de l'exode, le conflit entre la loi de la famille et celle de la cité laïque ont obscurci la recherche d'une « identité orientale ». L'effacement des empreintes de la présence juive s'est produit également dans l'Algérie indépendante. Une seule version, arabo-musulmane, a longtemps dominé. L'arrivée des revendications démocratiques, avec celle de la berbérité à partir des années 1980, a ouvert une brèche dans ce récit officiel. L'histoire de la mémoire juive d'Algérie revient progressivement. Le témoignage des acteurs de cette séquence essentielle, l'ouverture des archives de cette période, le passage des générations et l'effervescence des groupes de mémoire liés à la guerre de leurs pères (enfants d'immigrés, de harkis ou de soldats) ont provoqué un retour général sur l'histoire de l'Algérie coloniale.

Mais l'aggravation du conflit israélo-palestinien, surtout après les tragiques événements de Gaza à l'été 2014, a séparé une nouvelle fois les deux communautés, juive et arabe. Chez certains juifs d'Algérie, une mémoire de revanche s'est réveillée avec le souvenir de la guerre d'Algérie, de l'exil, venant se superposer à ce qui se passe en Israël ; dans la communauté algérienne, le sentiment d'identification à la cause palestinienne s'est renforcé, surtout dans la jeune génération, en mal d'identité. Dans ce mouvement d'ensemble, la mémoire juive revient pourtant, portée par les jeunes générations. Les enfants et petits-enfants des juifs d'Algérie expriment toujours un désir de connaissance de l'histoire de leurs parents ou grands-parents. Ils savent qu'ils ne sont pas des Français tout à fait comme les autres. Ils ne sont plus des « fous de République », comme l'étaient leurs grands-parents. La définition de soi ne se fabrique plus, et c'est une grande différence avec les années 1960, dans la matrice républicaine, politique, assimilationniste ; elle se construit dans un rapport à l'Orient, à Israël, et dans la recherche encore confuse d'un enracinement originel algérien. Un monde disparu, pluriel, se remet alors à vivre.

Lorsque nous sommes partis de Constantine le matin du 16 juin 1962, ma mère a lavé consciencieusement tout notre petit appartement. Elle n'a pas versé de verre d'eau sur le palier, comme elle le faisait traditionnellement au moment du départ d'un proche, qui ensuite revenait sur ses pas. Cette pratique rituelle exprimait un souhait : que le voyageur parte, et revienne en bonne santé. Nous avons mis nos manteaux, et pris chacun deux valises. Mon père a ensuite fermé lentement la porte avec les clés, et les a données à ma mère qui les a mis dans son sac à main.

Lorsque ma mère est décédée en 2000, j'ai retrouvé au fond du tiroir de sa table de nuit le trousseau de clés. C'était bien celui de l'appartement de Constantine, qu'elle avait toujours conservé. Comme les histoires de marranes qui emportaient dans le Nouveau Monde les clés de leur maison d'Espagne, de l'Andalousie perdue.

Bibliographie

OUVRAGES CONSULTÉS SUR CONSTANTINE

ABEER, Najia, *Constantine et les moineaux de la murette,* Alger, Barzakh, 2003, 202 p.

ADAD, Janine, *Algérie, France, Israël. Trois époques, trois vies* (compte d'auteur), 2007, 80 p.

ADIDA-GOLDBERG, Josy, *Les Deux Pères,* Paris, Orizons, 2008, 275 p.

ALESSANDRA, Joël, « Le Miracle de Constantine. Récit graphique », *Revue XXI,* juillet 2014, p. 166-199.

ALZIEU, Teddy, *Constantine,* Saint-Avertin, Sutton, « Mémoire en images », 2001, 128 p.

AMAR, Paul, *Blessures,* Paris, Tallandier, 2014, 287 p.

ATTAL, Robert, *Les Émeutes de Constantine, 5 août 1934,* Paris, Romillat, 2002, 215 p.

ATTAL, Robert, *Constantine, Ombres du passé. Récits,* Paris, L'Harmattan, 2012, 169 p.

ATTALI, Paul, *Les Tournelles. Une grande synagogue parisienne,* Paris, Les Tournelles, 2010, 316 p.

BENHAIEM, Harry, *Simon, l'enfant de Kachara,* Paris, Édilivre, 2013, 126 p.

BENNABI, Malek, *Mémoires d'un témoin du siècle,* Alger, Éditions Nationales, 2 tomes, 1965.

BENSIMON, Guy, *Soleil perdu sous le pont suspendu, une enfance à Constantine*, Paris, L'Harmattan, 2001, 236 p.

BENZEGGOUTA, Maâmar, *Cirta-Constantine de Massinissa à Ibn Badis. Trente siècles d'histoire*, tome 1, Constantine, APC, 1998, 254 p.

BERRAHAL, Sihem, et MERDACI, Abdellali, *Constantine, itinéraires de culture, 1962-2002*, Alger, Simoun, « Œuvre ouverte », 2003, 162 p.

BORNET, Maryse, *Place de la Brèche*, Perpignan, Alexandra de Saint-Prix, 2012.

BOUAYED, Anissa, « Le peintre Atlan (1913-1956), de Constantine à Paris, ou La migration du regard », in *La Bienvenue et l'Adieu. Migrants juifs et musulmans au Maghreb, XVe-XXe siècle*, sous la direction de Frédéric Abecassis, Karima Direche, Rita Aouad, Rabat, Centre Jacques Berque, 2012, 220 p.

CRÉTOT, Maurice, *Constantine au passé*, Montpellier, Mémoire de notre temps, 2006, 87 p.

DRAÏ, Raphaël, *Le Pays d'avant*, Paris, Michalon, 2008, 368 p.

FECHNER, Elisabeth, *Constantine et le Constantinois*, Paris, Calmann-Lévy, 2002.

GATT, Jacques, *La France à Constantine de 1936 à 1962*, Montpellier, Éditions de l'Atelier, tome 3, 2003.

GRANGAUD, Isabelle, *La Ville imprenable. Une histoire sociale de Constantine au XVIIIe siècle*, Constantine, Média-Plus (Paru aux Éditions de l'EHESS en 2002), 2004, 368 p.

GUECHI, Fatima-Zohra (dir.), *Constantine : une ville, des héritages*, Constantine, Média-Plus, 2004, 232 p.

HOLLENDER, Jean-Pierre, *Promenade à Constantine dans les années 1950*, Montpellier, Mémoire de notre temps, 2004, 101 p.

KATEB, Yacine, *Nedjma*, Alger, ENAL, 1986, 256 p.

MERDACI, Abdelmadjid, et MÉTAÏR, Kouider, *Constantine, un art de vivre*, Paris, Paris-Méditerranée, 2005.

MERDACI, Abdelmadjid, et MÉTAÏR, Kouider, *Constantine, Citadelle des vertiges*, Paris, Media-Plus et Paris-Méditerranée, Alger, Edif, 2005, 182 p.

MERDACI, Djamel Eddine, *Dictionnaire des musiques et des musiciens de Constantine*, Alger, Simoun, 2003.

MOSTEGHANEMI, Ahlam, *Mémoire de la chair*, Paris, Albin Michel, 2002, 332 p.

SÈBE, Alain, *Constantine : Recueil de cartes postales*, Paris, L'Harmattan, 1999, 104 p.

SEKFALI, Abderrahim, *Dictionnaire biographique et bibliographique des maîtres d'école du Constantinois – 1850-1950*, Paris, Maisonneuve et Larose, 2003.

STORA, Marthe, « Constantine-Sartrouville, 1918-1993 », *Esprit*, mars 1993, propos recueillis par Leïla Sebbar.

STORA, Benjamin, *Les Trois Exils, Juifs d'Algérie*, Paris, Stock, 2006, 232 p.

SUTRA, Josette, *Algérie, mon amour : Constantine, 1920-1962*, Paris, Éditions de l'Atlanthrope, 1979, 249 p.

VAYSETTES, Eugène, *Histoire de Constantine sous la domination turque de 1517 à 1837*, présentation d'Ouarda Siari-Tengour, nouv. éd., Saint-Denis, Bouchène, 2002, 254 p.

ZENATTI, Valérie, *Jacob, Jacob*, Paris, L'Olivier, 2014, 165 p.

AUTRES OUVRAGES CONSULTÉS SUR LES JUIFS D'ALGÉRIE

ABITBOL, Michel, *Les Juifs d'Afrique du Nord sous Vichy*, Paris, Maisonneuve et Larose, 1983, 220 p.

ALLOUCHE, Jean-Luc, et LALOUM, Jean (dir.), *Les Juifs d'Algérie. Images et textes*. Paris, Éditions du Scribe, 1987, 332 p.

ALLOUCHE-BENAYOUN, Joëlle, et BENSIMON, Doris, *Les Juifs d'Algérie. Mémoires et identités plurielles*, Toulouse, Privat, 1989, 290 p.

ASSAN, Valérie, « L'exode des Juifs de Mascara, un épisode de la guerre entre Abd el-Kader et la France », in *Archives juives, revue d'histoire des Juifs de France*, n° 38, 2e semestre 2005, p. 7-27.

ATTAL, Robert, *Regards sur les Juifs d'Algérie*, Paris, L'Harmattan, 1996, 254 p.

BENSIMON, Doris, « Mutations sociodémographiques aux XIXe et XXe siècles », *Histoire*, n° 3, novembre 1979, Paris, Hachette, p. 200-210.

CHEMOUILLI, Henri, *Une Diaspora méconnue. Les Juifs d'Algérie*, Paris, compte d'auteur, 1976, 327 p.

CHOURAQUI, André, *La Saga des Juifs d'Afrique du Nord*, Paris, Hachette, 1972, 395 p.

CHOURAQUI, André, *Chronique de Baba. Lettres d'Abraham Meyer, mon grand-père, à ses fils. 1914-1918*, Paris, Bibliophane-Radford, 2000, 389 p.

COHEN, Martine, et FERRAN, Paule, *Une approche du judaïsme laïque en France*, Paris, Fondation Posen, CNRS, avril 2004, 142 p.

DARMON, Pierre, *Un siècle de passions algériennes. Une histoire de l'Algérie coloniale, 1830-1940*, Paris, Fayard, 2009.

EISENBETH, Maurice, *Les Juifs de l'Afrique du Nord. Démographie et onomastique*, Alger, 1936, réédition, Paris, La Lettre sépharade, 2000, 189 p.

EISENBETH, Maurice, « Les Juifs, esquisse historique depuis les origines jusqu'à nos jours » in *L'Encyclopédie coloniale et maritime*, sous la direction d'Eugène Guernier, Paris, Éditions de Encyclopédie de l'Empire français, 1948, p. 143-158.

GREEN, Nancy, *Les Travailleurs immigrés juifs à la Belle Époque, le « Pletzl de Paris »*, Paris, Fayard, 1885, 320 p.

HOOG, Hélène (dir.), *Juifs d'Algérie*, Paris, Éditions du Musée d'Art et d'Histoire du Judaïsme, 2012.

LALOUM, Jean, « Sétif la fervente », in *Les Juifs d'Algérie, Images et textes*, Paris, Scribe, 1987, p. 154-159.

LALOUM, Jean, *Les Juifs dans la banlieue parisienne des années 20 aux années 50. Montreuil, Bagnolet et Vincennes à l'heure de la « Solution finale »*, préface d'André Kaspi, Paris, Éditions du CNRS, 1998, 496 p.

LESELBAUM, Jean, et SPIRE, Antoine (dir.), *Dictionnaire du Judaïsme français depuis 1944*, Paris, Armand Colin, Le Bord de l'eau, 2013, 971 p.

MEDDEB, Abdelwahab, et STORA, Benjamin (dir.), *Histoire des relations entre juifs et musulmans*, Paris, Albin Michel, 2013, 1135 p.

Oliel, Jacob, *Les Juifs au Sahara. Une présence millénaire*, Montréal, Élysée, 2007.

Saadoun, Haim, « Le sionisme en Algérie, une option marginale », *Archives juives*, n° 45/2, p. 68-88.

Sadon, Jacques Bernard, *Jacques Lazarus. Itinéraire d'un Juif de France dans le siècle. De la métropole à l'Afrique du Nord (1943-1962)*, Paris (compte d'auteur), 2011, 127 p.

Sebbar, Leïla (dir.), *Une enfance juive en Méditerranée*, Paris, Bleu autour, 2012.

Taïeb, Jacques, et Tapia, Claude, « Portrait d'une communauté », *Les Nouveaux Cahiers*, n° 29, 1972, p. 49-61.

Tapia, Claude, *Les Juifs sépharades en France (1965-1985). Études psychosociologiques et historiques*, Paris, L'Harmattan, 1986, 410 p.

Timsit, Daniel, *Algérie, récit anachronique*, Paris, Bouchène, 1999.

Traverso Enzo, *La Fin de la modernité juive. Histoire d'un tournant conservateur*, Paris, La Découverte, 2013.

Trigano, Shmuel (dir.), *L'Identité des juifs d'Algérie : une expérience originale de la modernité*, Paris, Éditions du Nadir, 2003.

Zytnicki, Colette, « Du rapatrié au sépharade. L'intégration des Juifs d'Afrique du Nord dans la société française : essai de bilan », *Archives juives, revue d'histoire des Juifs de France*, n° 38, 2e semestre 2005, p. 55-65.

Zytnicki, Colette, *Les Juifs du Maghreb. Naissance d'une historiographie coloniale*, Paris, PUPS, 2011.

Table

N° d'édition : L.01EHQN000895.B002
Dépôt légal : novembre 2016
Imprimé en Espagne par Novoprint (Barcelone)